Knaur

Prof. Dr. Christoph Rosak
Magdalena Baumann

Preiswert kochen bei Diabetes

- Gesund genießen für Typ-1- und Typ-2-Diabetiker
- Über 80 leckere Rezeptideen
- **Extra:** Jedes Rezept kostet maximal 3 Euro pro Person

GESUNDE ERNÄHRUNG

1

2

KAPITEL 3

Die Preisangaben der Rezepte setzen sich aus den Preisen der einzelnen Zutaten zusammen und beziehen sich immer auf eine Person. Nicht im Preis enthalten sind Kosten für Standardartikel wie Essig, Senf, Gemüsebrühe oder Gewürze. Auch Kräuter schlagen nicht zu Buche. Für die meisten Produkte haben wir die Discounter-Preise veranschlagt. Für Produkte, die der Discounter nicht führte, wurden Supermarktpreise berechnet. Die Preise galten im Februar 2006.

Vorwort

Weltweit und in Deutschland müssen wir eine dramatische Zunahme von Stoffwechselkrankheiten, wie Diabetes Typ 2 und Übergewicht registrieren. Die Ursachen liegen in der geänderten und ungesunden Lebensweise, mit verminderter körperlicher Aktivität und zu gehaltvoller, zu fetter Ernährung. Diese negative Entwicklung ist schon bei Kindern, Jugendlichen und jungen Erwachsenen zu beobachten. Die Bedeutung von gesunder Ernährung und verstärkter körperlicher Aktivität als Erstmaßnahme, bei der Prävention und Behandlung dieser Störungen ist unumstritten.

Die vorliegende Rezeptsammlung möchte mit mehreren Vorurteilen aufräumen, z. B. dass die Ernährung des Diabetikers oder des übergewichtigen Patienten kompliziert sei, dass man sie überwiegend im Reformhaus kaufen müsse, dass sie nicht schmackhaft sei und dass sie wegen ihrer Komplexität teuer sein muss.

Gleichzeitig soll gezeigt werden, dass die zusammengestellten Mahlzeiten auch für gesunde Menschen die geforderten Kriterien einer »gesunden Ernährung« erfüllen, das heißt es handelt sich nicht um eine separat zu kochende Krankenkost, sondern um Mahlzeiten für die gesamte Familie. »Billige« Nahrungsmittel sind vom Standpunkt des Ernährungswissenschaftlers gesehen häufig ungesund und zu fett. Es wurde deshalb versucht aufzuzeigen, wie durch geschickte Auswahl von Nahrungsmitteln eine preiswerte und trotzdem gesunde, wohlschmeckende Mahlzeit zusammengestellt werden kann.

Der Gesichtspunkt »preiswert« erscheint uns deshalb wichtig, weil die ökonomischen Zwänge auf Familien und andere Bevölkerungsgruppen zunehmen werden und vor dem Hintergrund der laufenden Rentendiskussion sicher davon auszugehen ist, dass die finanzielle Zukunft für ältere Menschen insgesamt nicht besser werden wird, als es gegenwärtig der Fall ist.

In den folgenden Kapiteln erfahren Sie, wie einfach eine diabetesgerechte Ernährung in Ihren Alltag zu integrieren ist. Das **erste Kapitel** beschreibt allgemein das Krankheitsbild und klärt noch einmal über die Unterschiede zwischen Typ-1-und Typ-2-Diabetes auf. Im **zweiten Kapitel** warten jede Menge Praxistipps für einen preisbewussten und unkomplizierten Einkauf auf Sie. Zu guter Letzt das **dritte Kapitel** enthält eine Auswahl an leckeren und abwechslungsreichen Rezepten. Durch die Auswahl an einfachen Zutaten müssen Sie keine langen Wege zurücklegen. In jedem Supermarkt oder Discounter werden Sie fündig.

Wir wünschen Ihnen viel Spaß beim Einkauf und Kombinieren der Mahlzeiten. Als Ziel hatten wir uns gesetzt, eine Diätmahlzeit unter 3,00 € zu ermöglichen. Sollte Ihr Mittagessen doch einmal über € 3,00 liegen – lassen Sie es sich trotzdem schmecken und den Appetit nicht verderben!

Prof. Dr. med. Christoph Rosak und Magdalena Baumann

1 Was Sie über Diabetes wissen sollten

Vielleicht hat die Diagnose »Diabetes« Sie erst einmal erschreckt. Schließlich müssen Sie Ihr ganzes Leben mit der Krankheit leben. Doch keine Sorge: Sie sind nicht allein: Weltweit schätzt man die Zahl der Diabetiker auf 150 Millionen. Es kann gut sein, dass Sie von nun an einige Ihrer

Ernährungs- und Lebensgewohnheiten ändern müssen. Doch auch mit Diabetes können Sie weiterhin schmackhaftes Essen genießen. Wie Ihre gesunde Ernährung jetzt aussehen sollte und worauf es noch ankommt, erfahren Sie auf den folgenden Seiten.

Leben mit Diabetes – die wichtigsten Fakten

Was ist Diabetes? Welche Formen gibt es? Antworten auf diese und andere Fragen erhalten Sie im folgenden Kapitel. Die wichtigsten Nährstoffe werden kurz erläutert, und Diabetiker erfahren, wie Sie die Krankheit in den Griff bekommen.

Was ist Diabetes mellitus?

Diabetes mellitus ist eine Stoffwechselkrankheit. Der an Diabetes leidende Patient, der Diabetiker, kann Kohlenhydrate nicht richtig verwerten. Aus diesem Grund sind seine Blutzuckerwerte zu hoch, umgangssprachlich sagt man: Der Patient »hat Zucker«.
Zur Erklärung: Bei der Verdauung spaltet der Körper Stärke bzw. Kohlenhydrate in Glukose (Zucker) auf. Die Glukose wird mit Hilfe von Insulin, einem Hormon, in die Körperzellen transportiert und versorgt diese mit Energie. Das Insulin wird in der Bauchspeicheldrüse gebildet. Beim Diabetiker jedoch bildet die Bauchspeicheldrüse zu wenig oder gar kein Insulin bzw. das vorhandene Insulin wirkt nicht mehr richtig. Folglich kann die Glukose nicht in die Zellen transportiert werden, sondern verbleibt im Blut: der Blutzuckerspiegel ist erhöht. Der Körper wird nicht mehr ausreichend mit Energie versorgt. Je nach Diabetes-Typ treten unterschiedliche Symptome auf.

Welche Formen von Diabetes gibt es?

Diabetes wird in zwei Hauptgruppen unterteilt, Typ-1-Diabetes und Typ-2-Diabetes. Bei beiden Gruppen leidet der Patient an erhöhtem Blutzucker. Die Entstehung und entsprechend auch die Behandlungsformen der Krankheit sind bei beiden Gruppen unterschiedlich:

- Der Typ-1-Diabetes tritt im Allgemeinen im jugendlichen Alter und bei jungen Erwachsenen auf. Bei dieser Form der Krankheit leidet der Patient unter absolutem Insulinmangel. Ursache dieses Insulinmangels ist eine Autoimmunerkrankung, eine Fehlfunktion des Immunsystems: Der Körper bildet Antikörper gegen die Insulin bildenden Zellen in der Bauchspeicheldrüse und gegen körpereigenes Insulin selbst. Der Patient ist von Beginn an auf eine lebenslange Insulintherapie angewiesen, die durch auf die Krankheit abgestimmte Ernährung ergänzt werden muss. Im Gegensatz zum Typ-2-Diabetes kann der Typ-1-Diabetes schnell festgestellt werden, da die Symptome sehr auffallend und einfach zuzuordnen sind (siehe Kasten auf Seite 10).

- Typ-2-Diabetes kommt wesentlich häufiger vor als Typ-1-Diabetes: Mehr als 90 Prozent aller Diabetes-Patienten leiden unter Typ-2-Diabetes. Die Krankheit tritt meist erst im Erwachsenenalter auf. In den vergangenen Jahren sind aber zunehmend auch übergewichtige Kinder und Jugendliche davon betroffen.

Diabetes und Insulin

Bei Diabetikern des Typs 2 ist das Gleichgewicht der Insulinproduktion gestört. Die Bauchspeicheldrüse wird durch falsche Ernährung (zu süß, zu fett und zu unregelmäßig) ständig mit zu hohen Glukosekonzentrationen konfrontiert, daraufhin produziert sie zunächst verstärkt, dann vermindert Insulin. Die Körperzellen reagieren im Laufe der Zeit vermindert auf das Insulin, man spricht auch von einer Insulinresistenz. Somit gelangt weniger Zucker in die Zellen. Anders als bei Diabetes Typ 1 sind die Symptome jedoch nicht greifbar bzw. machen sich kaum bemerkbar (siehe Kasten unten). Der Typ-2-Diabetes wird oft nur durch Zufall entdeckt. Für Patienten mit Typ-2-Diabetes steht die Gewichtsreduktion durch Ernährungsumstellung und ein erhöhtes Maß an körperlicher Aktivität im Vordergrund der Behandlung. Je nach Krankheitsgrad können auch blutzuckersenkende Medikamente zum Einsatz kommen. Obwohl der Typ-2-Diabetiker zu Beginn der Erkrankung noch genügend eigenes Insulin produziert, kann mit der Zeit die Funktion der Bauchspeicheldrüse abnehmen, so dass zusätzlich Insulin gespritzt werden muss.

Die Diabetiker-Typen auf einen Blick

Der Typ-1-Diabetiker ist meist schlank. Die Krankheit tritt zumeist plötzlich und vor dem 30. Lebensjahr auf. Typische Symptome sind enormer Durst, häufiger Harndrang, Gewichtsverlust, Müdigkeit und Schlappheit.

Der Typ-2-Diabetiker ist in der Regel über 40 Jahre alt und übergewichtig. Oft wird der erhöhte Blutzucker zufällig festgestellt. Häufig leidet der Patient gleichzeitig unter erhöhtem Blutdruck und zu hohen Blutfettwerten.

Diabetestherapie

Die Diabetestherapie beruht auf mehreren Säulen: Schulung und Selbstkontrolle, körperliche Aktivität, Ernährungsumstellung, Behandlung mit Tabletten und/oder Insulin und die Behandlung von Begleiterkrankungen, wie Fettstoffwechselstörungen oder erhöhtem Blutdruck.

Die Ernährung von Diabetikern sollte – wie prinzipiell für jeden Menschen – ausgewogen, vitaminreich und vollwertig sein. Darüber hinaus müssen die aufgenommenen Kohlenhydrate bei Diabetikern berechnet und kontrolliert werden. Außerdem sollten Kohlenhydrate, die den Blutzuckerspiegel besonders schnell ansteigen lassen, z. B. stark zuckerhaltige Lebensmittel oder Weißmehlprodukte (Süßigkeiten, Gebäck, Weißbrot und helle Nudeln), berechnet und in die Gesamternährung einbezogen werden.

Für die Ernährung von Diabetikern sind zudem regelmäßige Mahlzeiten von großer Bedeutung – sie garantieren, dass der Blutzuckerspiegel im Gleichgewicht bleibt. Für insulinspritzende Patienten relativiert sich diese Aussage. Und – auch das gehört zum A und O jeder gesunden Ernährung: Die Portionsgröße sollte sich am Körpergewicht, der Größe und der Bewegung des Diabetikers orientieren. (Dazu mehr ab Seite 13.)

Erhöhtes Risiko

Schätzungsweise jedes vierte Kind leidet schon bei der Einschulung unter vermehrtem Fettgewebe. Übergewichtige Kinder haben ein deutlich erhöhtes Risiko, an einem Typ-2-Diabetes zu erkranken.

Mehr Lebensqualität durch weniger Gewicht

Während beim Typ-1-Diabetes die Insulintherapie vorrangig ist, kann beim Typ-2-Diabetes grundsätzlich eine Gewichtsreduzierung und medikamentöse Behandlung eine deutliche Verbesserung der Blutzuckerwerte bewirken.

Rund die Hälfte der Bevölkerung in Deutschland ist übergewichtig. Ursachen dafür sind eine zu hohe Energiezufuhr bei gleichzeitiger Bewegungsarmut. Der erste Schritt, gegen die Krankheit vorzugehen, ist, das Gewicht zu kontrollieren, das heißt darauf zu achten, wie viel Energie wir unserem Körper durch Nahrungsaufnahme zuführen. Sollte sich zeigen, dass das Gewicht zu hoch ist, bedeutet das für den Patienten: abnehmen! Besonders wichtig ist dabei eine bewusstere Nahrungsaufnahme.

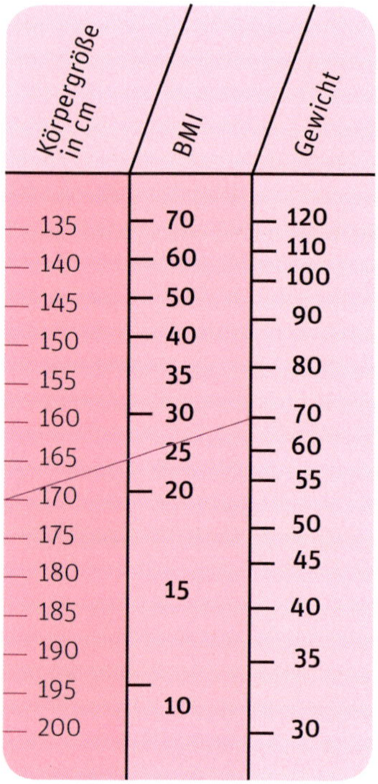

Der Body-Mass-Index

Doch wie kann man herausfinden, welches das ideale individuelle Körpergewicht ist? Eine anerkannte Größe ist der so genannte Body-Mass-Index, kurz BMI. Er gibt das Verhältnis von Körpergröße zu Körpergewicht an und wird mit Hilfe der folgenden Formel berechnet:

$$\text{BMI} = \frac{\text{Körpergewicht (kg)}}{\text{Körpergröße (m)}^2}$$

Nicht ganz so genau, aber dafür schneller, ermitteln Sie den BMI mit Hilfe unserer Tabelle. Legen Sie ein Lineal von der linken Skala mit Ihrer Körpergröße zur rechten Skala mit Ihrem Körpergewicht. Dort, wo die Linie die mittlere Skala kreuzt, liegt Ihr persönlicher BMI. Beispiel: Bei einer Größe von 1,70 Meter und einem Gewicht von 70 Kilogramm liegt der BMI bei rund 24.

Und das sagt Ihnen der Body-Mass-Index

Nach den Richtlinien der Deutschen Gesellschaft für Ernährung liegt der ideale BMI für Frauen zwischen 19 und 24, für Männer zwischen 20 und 25. Das sollten Sie bei den jeweiligen BMIs beachten:

- unter 18,5: Untergewicht, essen Sie ruhig mehr!
- 18,5–24,9: Normalgewicht. Bleiben Sie, wie Sie sind.
- 25–29,5: leichtes Übergewicht. Falls Sie unter Diabetes leiden, sollten Sie unbedingt abnehmen! Dasselbe gilt für Bluthochdruck, Gicht oder Rheuma. Gesunde Menschen müssen noch keine Diät einhalten.
- über 30: starkes Übergewicht. Jede Gewichtsabnahme verbessert Ihre Lebensqualität und -erwartung.
- über 35: schwere Adipositas. Sie müssen unbedingt abnehmen. Sprechen Sie mit Ihrem Arzt über geeignete Möglichkeiten.

Gesunde Ernährung für Diabetiker

Eine Diabetes-Diät meint in diesem Buch beides: einerseits die gesunde Ernährung von Patienten mit Typ-1-Diabetes, andererseits die ideale Ernährung zum Abnehmen – und danach zur Gewichtskontrolle – für Typ-2-Diabetiker. Denn letztlich unterscheiden sich die Ernährungsweisen der beiden Diabetes-Typen nur in wenigen Punkten.

Wie bereits erwähnt, müssen Typ-1-Diabetiker alle Kohlenhydrate, die sie essen, genau berechnen. Berechnungsgrundlage für die Nahrung ist die so genannte Broteinheit (BE).

In Deutschland und Österreich hat sich die Berechnungsmethode mit BEs in der Diabetestherapie etabliert. Diese Methode wurde entwickelt, um die verzehrte Kohlenhydratmenge mit der zu injizierenden Insulinmenge abzustimmen. Typ-1-Diabetiker injizieren ihr Nahrungsinsulin in Abhängigkeit von der Menge der zu sich »gegessenen« Broteinheiten. 1 BE entspricht 12 Gramm reinen Kohlenhydraten. Die Tabelle auf Seite 90/91 gibt Ihnen einen Überblick über den BE-Gehalt einzelner Lebensmittel.

Grundregeln für Typ-1-Diabetiker

- Reichlich Sport und Bewegung
- Kontrollierte Nahrungsaufnahme
- Übergewicht vermeiden
- Wenig Alkohol
- Ausreichend Vitamine und Mineralstoffe zu sich nehmen
- Broteinheiten (BE) müssen berechnet werden
- Angepasst Insulin injizieren

Grundregeln für Typ-2-Diabetiker

- Gewichtsreduktion bei Übergewicht
- Reichlich Sport und Bewegung
- Bewusste und kontrollierte Nahrungsaufnahme
- Täglich mindestens 2 Liter trinken

Mehr als 80 Prozent der Typ-2-Diabetiker sind übergewichtig. Um das Übergewicht abzubauen, ist eine kalorienreduzierte Mischkost und körperliche Bewegung erforderlich. Daher achten Typ-2-Diabetiker in der Regel auf Kalorien bzw. auf alle Nährwerte und nicht auf die Broteinheiten.

So sollte sich ein Diabetiker ernähren

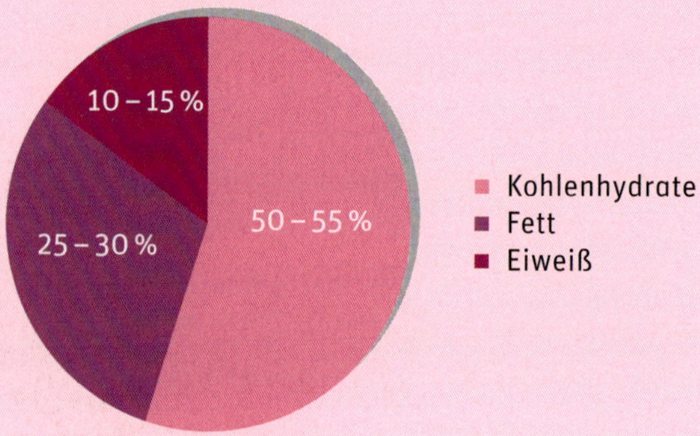

Ausgewogene Ernährung

Damit Sie wissen, welche Nahrungsmittel Ihrem Körper gut tun und welche Sie besser vermeiden sollten, erhalten Sie auf den nächsten Seiten einen Überblick über die wichtigsten Nährstoffe. Die Grafik links zeigt Ihnen, wie die Zusammensetzung der Nahrung bei einem Diabetiker aussehen sollte. Doch nicht nur, was Sie zu sich nehmen, sondern auch die Ausgewogenheit ist wichtig, wenn es darum geht, das Gewicht zu halten oder zu reduzieren.

Kohlenhydrate – Vollkorn bevorzugen

Stärke bzw. Kohlenhydrate liefern dem Körper Energie. Bei der Verdauung werden sie in ihre kleinsten Bausteine, den Traubenzucker, gespalten. Kohlenhydrate kommen vor allem in Getreide und Getreideprodukten, Hülsenfrüchten, Reis, Kartoffeln, Gemüse, Obst, Früchten, Nüssen, Milchprodukten und Zucker vor. Außerdem ist in vielen Fertigprodukten Zucker (und entsprechend Kohlenhydrate) enthalten, er versteckt sich auch dort, wo man ihn nicht unbedingt vermutet, etwa in Ketchup, Fertigsaucen oder Dressings.

Die Kohlenhydrataufnahme sollte sich gleichmäßig über den gesamten Tag verteilen, damit der Blutzuckerspiegel möglichst im Gleichgewicht bleibt.

Unterschiedliche Kohlenhydrate werden unterschiedlich aus dem Darm in die Blutbahn aufgenommen und haben folglich unterschiedliche Auswirkungen auf den Anstieg des Blutzuckers. Bevorzugen Sie prinzipiell Kohlenhydrate mit vielen Ballaststoffen, diese lassen den Blutzuckerspiegel langsamer steigen. Beim Typ-1-Diabetiker muss gewährleistet sein, dass sich die aufgenommenen Kohlenhydrate mit der zugeführten Insulinmenge die Waage halten, um Über- oder Unterzuckerung zu vermeiden. Typ-2-Diabetiker sollten dagegen auf eine gemäßigte Kalorienzufuhr und fettreduzierte Nahrungsmittel achten und möglichst mit wenig Zwischenmahlzeiten auskommen.

Ballaststoffe – halten den Blutzuckerspiegel in Balance

Ballaststoffe sind Bestandteile der Nahrung, die selbst keinen Nährwert haben. Trotzdem sind sie wichtig für unseren Körper. Zum einen sorgen sie für einen ausgeglichenen Anstieg des Blutzuckerspiegels, dafür, dass der Körper gleichmäßiger mit Energie versorgt wird. Die Kohlenhydrate ballaststoffreicher Nahrungsmittel werden langsamer »aufgeschlossen«, das heißt in Glukose aufgespalten, und die Energie gelangt langsamer in die Blutbahn und somit in die Körperzellen.

Zum anderen beeinflussen die Ballaststoffe unser Sättigungsgefühl positiv. Durch längere Kauzeiten hat das Gehirn genügend Zeit, die Nahrungsaufnahme wahrzunehmen und das Hungergefühl abzuschalten – wir essen weniger. Außerdem quellen Ballaststoffe im Darm stark auf und füllen ihn dadurch. So hält das Sättigungsgefühl länger an. Der Körper benötigt täglich zwischen 30 und 40 Gramm Ballaststoffe. Sie sind vor allem enthalten in Vollkornprodukten, Naturreis, Hülsenfrüchten, Gemüse und Obst.

Obst ist ein guter Ballaststoff-Lieferant. Besonders Trockenfrüchte sind sehr ballaststoffreich.

Ballaststoffarme Nahrungsmittel sind Weißmehl und daraus hergestellte Produkte, Milch und Fruchtsäfte. Im Gegensatz zu den ballaststoffreichen Lebensmitteln werden ihre Kohlenhydrate schnell aufgeschlossen und bewirken daher einen schnellen Blutzuckeranstieg. Zucker, egal in welcher Form, lässt den Blutzuckerspiegel sofort ansteigen und ist daher möglichst zu meiden.

Eiweiß – ausgewogen pflanzliches und tierisches

Eiweiß ist ein wichtiger Baustein für unseren Körper. Es hat keine direkten Auswirkungen auf den Blutzuckerspiegel, fördert jedoch im Übermaß genossen die Entstehung von Gicht und Nierenschäden.
Ca. 15 Prozent des Tagesbedarfs an Energiezufuhr des Menschen sollte aus Eiweiß kommen, das entspricht ca. 60 Gramm pro Tag. Idealerweise stammt das Eiweiß zu einem Drittel aus tierischen und zu zwei Dritteln aus pflanzlichem Eiweiß. Tierisches Eiweiß ist in Fleisch, Fisch, Milch und Milchprodukten enthalten. Pflanzliches Eiweiß findet sich in Kartoffeln, Getreideprodukten, Hülsenfrüchten, insbesondere in Soja.

Der feine Unterschied

Für Diabetes Typ 1 hat die Aufnahme von Fett keine Bedeutung – solange sie normalgewichtig sind. Typ-2-Diabetiker mit Übergewicht können mit einer fettarmen Kost Ihr Gewicht langfristig reduzieren.

Fett – in Maßen

Fett ist für unseren Körper lebensnotwendig. Es schützt die Organe und sorgt für die Aufnahme der fettlöslichen Vitamine A, D, E, K. Außerdem ist es der energiereichste Nährstoff. Viele Menschen neigen jedoch dazu, zu viel Fett zu essen: Statistiken besagen, dass wir in Deutschland doppelt so viel Fett zu uns nehmen, wie wir benötigen. Vorsicht: Zu fette Nahrung gilt als maßgebliche Ursache für Übergewicht!
Ca. 30 Prozent des Tagesbedarfs an Energiezufuhr sollte dem Körper als Fett zugeführt werden. Das entspricht ca. 60 Gramm Fett pro Tag. Achten Sie bei Ihrer Ernährung neben der Menge, die sie an Fett zu sich nehmen, auch auf die Zusammensetzung der Fettsäuren. Grundsätzlich sind ungesättigte Fettsäuren besser als gesättigte. Gesättigte Fettsäuren werden für den Anstieg des Cholesterins im Blut verantwortlich gemacht. Einfach unge-

So sparen Sie Fett

Fett ist zwar wichtig für unseren Körper, verwenden Sie es aber sparsam:

- Wählen Sie fettarmen Käse (weniger als 30%), Magermilchprodukte und Halbfettmargarine statt Produkte der Rahmstufe, Vollmilch und Butter.
- Kaufen Sie mageres Fleisch – entfernen Sie sichtbares Fett von Fleisch und Wurst.
- Entfernen Sie die Haut von Geflügel, unter der Haut sitzt das meiste Fett.
- Eine beschichtete Pfanne ist für die Diätküche Voraussetzung.
- Pinseln Sie zum Anbraten den Topf- oder Pfannenboden mit Öl ein.
- Lassen Sie bei Grillgut vor dem Verzehr immer erst das Fett abtropfen.
- Stellen Sie eine Salatmarinade immer in einem Extragefäß her. Sollte der TL Öl zusammen mit dem Essig und den Gewürzen für den Salat zu wenig Flüssigkeit ergeben, können sie die Marinade jederzeit mit heißem Wasser und/oder Gemüsebrühe strecken.

sättigte Fettsäuren haben cholesterinsenkende Wirkung. Mehrfach ungesättigte Fettsäuren zählen zu den essenziellen (lebensnotwendigen) Fettsäuren, die mit der Nahrung aufgenommen werden müssen. Deshalb sollten Sie einmal pro Woche Fisch auf dem Speiseplan haben (z. B. Lachs, Hering, Makrele oder Sardine). Der restliche Bedarf an mehrfach ungesättigten Fettsäuren kann durch Pflanzenfett und Diätmargarine abgedeckt werden. Idealerweise setzt sich die Fettzufuhr aus je einem Drittel gesättigter Fettsäuren (überwiegend aus tierischen Lebensmitteln), einfach ungesättigter Fettsäuren (aus Oliven- oder Rapsöl, Avocados und Nüssen) und mehrfach ungesättigter Fettsäuren (aus Pflanzenölen wie Sonnenblumenöl, Maiskeimöl oder linolsäurereicher Diätmargarine) zusammen.

Gut versorgt mit Vitaminen und Mineralstoffen

Der Bedarf an Vitaminen und Mineralstoffen ist bei Diabetikern höher als bei gesunden Menschen. Auf die ausreichende Versorgung muss deshalb besonders geachtet werden.

5-mal am Tag Obst und Gemüse

Die Deutsche Gesellschaft für Ernährung empfiehlt fünf Portionen Obst oder Gemüse täglich. Achtung: Kartoffeln gelten für Diabetiker als Kohlenhydrate und sind somit keine Gemüseportion, auch wenn sie botanisch gesehen zu den Gemüsesorten zählen. Idealerweise sollten Sie unterschiedliche Sorten Obst und Gemüse auf den Speiseplan setzen. Verzehren Sie das Gemüse am besten roh oder kurz gegart, jedoch nicht püriert, da sonst die Ballaststoffwirkung verloren geht. Hülsenfrüchte sind besonders wertvoll für die Zuckerregulierung, sie sollten aber nur in einer Mahlzeit pro Tag enthalten sein.

Alkohol ist erlaubt

Als Richtlinie werden für Männer 20 g und für Frauen 10 g Alkohol pro Tag angesehen. Halten Sie den Alkoholkonsum so gering wie möglich. Denn Alkohol kann in Kombination mit Insulin oder anderen Medikamenten den Blutzucker senken und Unterzuckerungen verursachen.

Trinken nicht vergessen

Wer viele Ballaststoffe zu sich nimmt, muss auch viel trinken: pro Tag mindestens 2 Liter. Bei körperlicher Anstrengung, während oder nach dem Sport oder bei hohen Außentemperaturen kann der Tagesbedarf an Flüssigkeit auf 3 Liter ansteigen. Geeignete Getränke für Diabetiker sind Mineralwasser, Leitungswasser, Tee, Kaffee und Light-Getränke (ungezuckerte Cola und Limonaden).

Fruchtsaft, Fruchtnektar, Sirup oder Milch sind als Durstlöscher nicht geeignet, da sie alle Zucker bzw. Milchzucker enthalten und so den Blutzuckerspiegel rasant ansteigen lassen können.

Diabetiker, denen der Arzt Alkoholkonsum in Maßen erlaubt, sollten trockenen oder halbtrockenen Wein bzw. Sekt bevorzugen. Auch normales Bier und Diabetikerbier dürfen getrunken werden. Vorsicht ist geboten beim Malzbier – auch wenn es keinen Alkohol enthält, ist der Kohlenhydratanteil hier noch höher als bei Cola. Hochprozentige Alkoholika wie Rum, Wodka oder Weinbrand sind genauso wie zuckerreiche alkoholische Getränke (wie Likör oder Dessertwein) ungeeignet. Um Cocktails sollten Sie lieber einen großen Bogen machen, da diese häufig mit Sirup und Säften gemischt sind. Natürlich geht es auch ohne Alkohol: Lassen Sie sich von unseren erfrischenden Drinks ab Seite 86 überzeugen.

Zucker, Zuckeraustauschstoffe und Süßstoffe

Wie die meisten Menschen haben auch Diabetiker manchmal ein starkes Bedürfnis nach »Süßem«. Um dieses Gefühl zu befriedigen, können Typ-1-Diabetiker unter Anrechnung der BE zuckerhaltige Speisen zu sich nehmen. 30 Gramm Fruchtzucker pro Tag sind als BE nicht anrechnungspflichtig, müssen aber bei der Kalorienberechnung bedacht werden.

Der übergewichtige Typ-2-Diabetiker sollte möglichst darauf verzichten, da zuckerhaltige Speisen reichlich Kalorien enthalten. Für ihn gibt es die Möglichkeit Süßstoff oder Zuckeraustauschstoffe zu verwenden. Während Zuckeraustauschstoffe sich auch zum Backen und Einkochen eignen, neigt Süßstoff dazu, beim Erhitzen bitter zu schmecken. Mischen Sie ihn deshalb grundsätzlich erst nach dem Kochen unter die Speisen. Unterschätzen Sie nie die Süßkraft von Süßstoffen – sie ist um ein Vielfaches höher als die von Zucker. Nur wenige Tropfen schmecken schon wie 1 Teelöffel Zucker. Beachten Sie daher immer die Dosierungshinweise, die auf der Verpackung aufgeführt sind.

Zuckeraustauschstoffe sind Fruchtzucker, Sorbit, Lactit, Isomalt, Mannit, Xylit und Maltit. Süßstoffe sind Saccharin, Natrium Cyclamat, Aspartame, Acesulfam Calium, Neoherperdin CD und Taumatin.

Mit Desserts auf Obstbasis lässt sich die Zuckermenge niedrig halten. Dabei kann Obst frisch, getrocknet oder aus der Konserve verwendet werden, achten Sie bei Letzterem darauf, dass es ungezuckert ist.

Ungesüßte Sojamilch kann ein Diabetiker bedenkenlos genießen – sie enthält keinen Milchzucker.

So verlieren Sie Gewicht

Wer verstehen will, warum Menschen ab- bzw. zunehmen, muss sich zunächst darüber klar sein, wie der menschliche Stoffwechsel funktioniert: Als Energiestoffwechsel bezeichnet man alle physikalischen und biochemischen Vorgänge im Körper. Dazu zählen Verdauung, Bewegung sowie Muskel- und Hormonaufbau. Um all diese Prozesse durchführen zu können, benötigt der Körper Energie, die wir ihm in Form von Nahrung zuführen. Unter Stoffwechsel versteht man den Prozess, bei dem Nahrungskalorien in Energie umgewandelt werden. Dadurch wird der Motor unseres Körpers am Laufen gehalten – zum Atmen, zum Denken und zur Bewegung. Die Vorgänge, die dabei ablaufen, sind sehr komplex, doch funktionieren sie überwiegend nach dem Prinzip des Energiehaushaltes.

Achten Sie auf Ihre Energiebilanz

Dieses Prinzip funktioniert – vereinfacht gesagt – folgendermaßen: Nehmen Sie mehr Energie durch Essen und Getränke auf, als Sie verbrauchen, legt der Körper die überschüssige Energie in Fettpolstern an. Nehmen Sie weniger Energie durch Nahrung und Getränke zu sich, als der Körper verbraucht, greift der Körper auf seine Reserven zurück, Sie nehmen ab.

Was Sie ändern können – und was nicht

Das können Sie nicht ändern: Die Energie, die wir im Ruhezustand z. B. für Atmung und Herzschlag benötigen, nennt man Grundumsatz. Dieser Energieverbrauch ist so gut wie nicht zu beeinflussen. Er wird durch Geschlecht, Körpergewicht, Größe und Alter bestimmt.

Das können Sie beeinflussen: Die Energie, die der Körper zu seinen sonstigen Leistungen benötigt, ist der Leistungsumsatz. Er wird durch körperliche und geistige Aktivitäten erhöht. Diesen Energieverbrauch können Sie sehr stark beeinflussen. Je mehr Sie sich bewegen, desto höher wird der Leistungsumsatz. Körperliche Bewegung, bzw. Sport ist die wichtigste Maßnahme, um Gewicht zu verlieren und längerfristig zu halten.

Durchbrechen Sie den Kreislauf

Je höher das Gewicht ist, desto schwieriger ist es, sich zu bewegen. Je weniger Sie sich bewegen, desto geringer ist ihr Leistungsumsatz und umso mehr steigt das Gewicht. Diesen fatalen Kreislauf zu durchbrechen gelingt nur, wenn Sie mehrere Faktoren gleichzeitig beherzigen:

1. Erhöhen Sie Ihren Leistungsumsatz durch vermehrte körperliche Aktivität bzw. Sport. Wenn Sie stark übergewichtig sind, sollten Sie sich Empfehlungen von Ihrem Arzt holen. Ansonsten ist es sinnvoll, mit leichten Übungen oder kleinen Spaziergängen, die Sie immer wieder in Ihren Alltag einbauen, anzufangen und diese dann langsam zu steigern.
2. Verringern Sie die Energiezufuhr, damit Ihr Körper die Fettreserven allmählich abbaut. Am leichtesten gelingt Ihnen das, wenn sie weniger Fett und Zucker essen.
3. Stellen Sie Ihre Ernährung von ballaststoffarmen Lebensmitteln auf ballaststoffreiche Lebensmittel um, denn so gelingt es, ohne Hungergefühl weniger zu essen.

So klappt's mit dem Abnehmen

- Essen Sie regelmäßig.
- Nehmen Sie bei jeder Mahlzeit stärkehaltige Nahrungsmittel – also Kohlenhydrate mit hohem Ballaststoffanteil, z.B. Vollkornprodukte, Obst und Gemüse – zu sich.
- Essen Sie möglichst wenig Fett, achten Sie dabei auf die richtige Zusammensetzung des Fetts.
- Schränken Sie Zucker und zuckerhaltige Speisen ein.
- Verwenden Sie wenig Salz.
- Trinken Sie wenig Alkohol.
- Steuern Sie Ihr individuelles Normalgewicht an.
- Treiben Sie Sport, bewegen Sie sich so viel wie möglich.

2 So planen Sie Ihre preiswerte Diabetes-Diät

Egal, ob Sie sich für eine Diabetes-Diät entschieden haben, weil Sie erst einmal ein paar Pfunde loswerden möchten oder um Ihre Ernährung dauerhaft umzustellen – Sie werden für Ihre Lebensmittel nicht mehr Geld ausgeben müssen als Menschen ohne die Stoffwechselstörung. Denn Sie

brauchen keinesfalls spezielle Diätprodukte, lediglich ein bisschen mehr Planung. Und Sie können zum Einkaufen einfach den nächsten Discounter ansteuern. Lesen Sie auf den folgenden Seiten, wie Sie einkaufen, was Sie einkaufen und wo Sie einkaufen, um Ihren Geldbeutel zu schonen.

Sparen trotz Diabetes – so geht's

In diesem Kapitel verraten wir Ihnen praktische Tipps für eine preisgünstige Diabetes-Diät. Etwa, wie Sie jeden Einkauf am besten vorher planen. Oder welche Produkte Sie getrost beim Discounter kaufen können. Und wie Sie mit wenigen Kräutern vielen Speisen den speziellen Pfiff verleihen.

Wie einkaufen? Planen schont den Geldbeutel

Damit Sie Ihre preisgünstige Diabetes-Diät auch besser in den Alltag integrieren können, sollten Sie immer ein paar Tage im Voraus planen. So müssen Sie nicht jeden Tag in den Supermarkt hetzen.

Stellen Sie einen Speiseplan auf!

Wichtig für eine sparsame Küche ist es, einen wöchentlichen Speiseplan aufzustellen. Dazu gehört es, Grundnahrungsmittel wie Kartoffeln, Nudeln, Reis, Marmelade, Müsli, Öl und Essig vorrätig zu haben. So können Sie die jeweils preiswertesten Produkte kaufen. Außerdem ist es durch gezielte Planung möglich, Gerichte so zu kombinieren, dass Reste bei einer zweiten Mahlzeit zum Einsatz kommen, ohne dass zwischenzeitlich das Verfallsdatum erreicht wird. Sie können also alles verwerten.

Möglichst »frisch« einkaufen

Obst und Gemüse sollten Sie nach Möglichkeit frisch einkaufen, damit die wertvollen Vitamine durch zu langes Lagern nicht verloren gehen. Alternativ können Sie sich auch einen Vorrat an Tiefkühlgemüse anlegen. Durch Schockgefrieren werden die Vitamine nicht zerstört.

Schreiben Sie eine Einkaufsliste!

Je kürzer Sie sich im Supermarkt aufhalten, desto weniger lassen Sie sich vom reichlichen Angebot verführen und desto preiswerter wird Ihr Einkauf. Sie verkürzen Ihren Aufenthalt im Supermarkt enorm, wenn die benötigten Produkte schon in der Reihenfolge auf der Einkaufsliste stehen, wie sie im Supermarkt angeordnet sind – gehen Sie im Kopf die Regale ab.

Vorsicht vor Sonderangeboten: Überlegen Sie, ob sie wirklich in Ihren Speiseplan passen. Wer hat nicht schon mal irgendetwas gegessen, was nicht in den gesunden Speiseplan passt, nur damit es nicht verdirbt … Beinahe überflüssig zu betonen, dass Sie das Regal mit den Süßigkeiten und den Knabbereien möglichst umschiffen sollten. Und: Wenn Sie nicht gerade den wöchentlichen Großeinkauf machen, verzichten Sie auf den Einkaufswagen. So nehmen Sie nur das absolut Nötigste mit.

Die richtige Auswahl der Lebensmittel

Als Diabetiker benötigen Sie keine spezielle, sondern ganz normale Kost. Sie unterscheidet sich von der Nahrung eines »Gesunden« nur allein darin, dass der Diabetiker alle Nahrungsmittel genau auswählen, abwiegen, zusammenstellen und zubereiten muss.

»Diät« heißt nicht gleich »Light«

Lebensmittel mit der Kennzeichnung »Diät« erwecken den Eindruck, dass sie weniger Kalorien enthalten. Tatsächlich handelt es sich aber um Produkte, die für besondere Ernährungssituationen bestimmt sind (z. B. glutenfreie Lebensmittel bei Glutenunverträglichkeit). Hierzu zählen zwar auch kalorienreduzierte Lebensmittel – Diätprodukte sind aber nicht grundsätzlich kalorienreduziert.

Auf dem Prüfstand: Diabetikerprodukte

Viele Diabetiker halten sich nicht an ihre Diät, weil sie der Meinung sind, Diät sei zu kostspielig – sie könnten sie sich nicht leisten. Falsch! Die Werbung suggeriert, dass Diabetiker ihre Ernährung überwiegend aus Spezialprodukten aus Reformhäusern, Apotheken oder Diätregalen in Supermärkten und Drogerien zusammenstellen müssten. Dort finden Sie Sortimente verschiedenster, recht teurer Diabetiker-Spezialprodukte: Kekse, Schokolade, Marmelade, Kuchen, Getränke, Nudeln, Mehl, Brot, Pudding und vieles mehr. Sogar Fertiggerichte für Diabetiker sind im Handel. Diese Gerichte enthalten meist weniger Kohlenhydrate als Nicht-Diabetikergerichte, stattdessen jedoch mehr Fett und Eiweiß – und so eine beträchtliche Kalorienzahl. Lassen Sie sich vom Etikett »Diabetikerprodukt« auf keinen Fall verleiten, unkontrolliert eventuelle »Mogelpackungen« zu essen oder zu trinken.

Da die meisten Spezialprodukte selten gut schmecken und teuer sind, ist ein Vorteil gegenüber »normalen« Lebensmitteln nicht zu erkennen. Verzichten Sie besser auf diese Produkte und stellen Sie sich, z. B. nach den Rezepten ab Seite 34 Ihre Diätgerichte zusammen.
Ein weiteres Argument gegen spezielle Diätprodukte ist, dass bei normalen Lebensmitteln die ganze Familie mitessen kann. Entsprechend bieten die Rezepte in diesem Buch eine vollwertige Nahrung für alle. Gesunde Normalgewichtige essen einfach größere Portionen der Speisen.

Warum auch ein Diabetiker zu normalen Produkten greifen sollte

1. Niedriger Preis.
2. Einfacher Einkauf (keine Fachgeschäfte notwendig).
3. Auch BE oder Kalorien von Diabetikerprodukten müssen angerechnet werden.
4. Der Geschmack von Diabetikerprodukten lässt meist zu wünschen übrig.
5. Spezielle Diabetikerprodukte sind in der Regel nicht für den Typ-2-Diabetiker geeignet, da sie kalorienreich sind.

Lesen Sie die Etiketten!

Falls Sie es bis jetzt noch nicht getan haben, fangen Sie sofort damit an: mit dem Etikettenlesen. Wer zum Lesen des Kleingedruckten eine Brille benötigt, sollte ohne sie niemals einkaufen gehen. Nur, wer Etiketten genau studiert, weiß Bescheid über Haltbarkeitsdatum und Inhaltsstoffe. Nur so erfährt der Käufer, was in den einzelnen Lebensmitteln steckt (Zucker!) und kann gezielt nach Produktzusammensetzung einkaufen. Doch Vorsicht: Nicht immer ist Zucker als Zutat eindeutig ausgewiesen. Daher sollten Sie bei den Zutatennamen auch auf diese Bezeichnungen achten: z. B. Saccharose, Glukose, Fructose, Maltose, Lactose, Glukosesirup oder Maltodextrin.

Reihenfolge der Zutaten beachten

Normalerweise ist die Reihenfolge der aufgeführten Inhalte entsprechend ihrer Menge im Produkt angeordnet. Steht also Fett an erster Stelle, so macht Fett auch den größten Anteil des Produktes aus. Leider sind nicht alle Angaben vergleichbar. So gibt es unter anderem bei Milchprodukten Angaben in Fett absolut bzw. Fett in der Trockenmasse (i. Tr.). Der Anteil des Fettes in der Trockenmasse ist immer höher als der Anteil des Fettes absolut! Beispielsweise hat ein Hartkäse mit 45 % Fett i. Tr. einen tatsächlichen Fettgehalt von 30 Gramm pro 100 Gramm Lebensmittel.

Wo einkaufen? Besser als ihr Ruf: Discounter

Gerade für ältere Menschen und Bewohner von dünner besiedelten Gegenden ist es oft schwierig, Läden in ihrer Nähe zu finden, die Diätprodukte führen. Wie bereits im Abschnitt über Diabetikerprodukte erläutert, ist ein zeitaufwendiger Besuch von Spezialgeschäften auch völlig unnötig. Wo Sie Ihre Lebensmittel kaufen, spielt letztlich keine Rolle. Sowohl als Typ-1-Diabetiker als auch als Typ-2-Diabetiker können Sie sich im ganz normalen Supermarkt an der Ecke oder beim Discounter versorgen. Der Einkauf dort ist häufig nicht nur praktischer, sondern auch wesentlich preiswerter als der im Spezialgeschäft.

Die Sortimente werden immer größer. Mittlerweile können Sie überall Bioprodukte oder exotische Lebensmittel bekommen.

Saisonware bevorzugen

Kaufen Sie bei Ost und Gemüse regionale Saisonware. Selbstverständlich sind die Erdbeeren, die an Weihnachten aus warmen Ländern eingeflogen werden teurer als jene, die im Juni im Handel sind. Die in den Rezepten ab Seite 34 verwendeten Obst- und Gemüsesorten können jahreszeitlich bedingt ausgetauscht werden. Sie können diese durch Tiefkühlprodukte, im Einzelfall auch durch Konservendosen, ersetzen. Grundsätzlich ist frische Ware natürlich Konserven vorzuziehen, immer mehr Discounter bieten auch frisches Gemüse an. Achten Sie dabei auf Qualität: Das Gemüse sollte beim Einkauf knackig sein. Welke Blätter, Druckstellen und Verfärbungen sind Zeichen dafür, dass es schon zu lange liegt oder schlecht behandelt wurde.

Tiefkühl versus frisch

Tiefkühlgemüse ist qualitativ mindestens genauso empfehlenswert wie frisches. Da es direkt nach der Ernte ohne Lagerung schockgefroren wird, bleibt es in einem optimalen Zustand und hat so häufig mehr Vitamine als Gemüse, das tagelang im Laden liegt.

Special: Kräuter und Gewürze

Bei den Rezepten ab Seite 34 handelt es sich um relativ einfache Speisen, die jedoch durch die gezielte Verwendung von Kräutern und Gewürzen eine ganz besondere Note bekommen. Kräuter und Gewürze sind zum einen Geschmacksträger, zum anderen können sie im Körper bestimmte Reaktionen hervorrufen:

- Sie reizen Geruchs- und Geschmacksnerven.
- Sie können die Gallensaftausschüttung vermehren.
- Sie können die Darmtätigkeit je nach Gewürz beschleunigen
  oder abbremsen.
- Sie können die Herztätigkeit steigern.
- Sie können die Durchblutung steigern.
- Sie können schleimlösend sein.
- Sie können krampfstillend sein.

Kräuter richtig einfrieren

Die beste Haltbarkeitsmethode ist immer noch das Einfrieren! Verwenden Sie dazu immer frische Kräuter. Nur kurz waschen, damit keine Aromaverluste entstehen, trockentupfen und fein hacken. Portionieren Sie die Kräuter am besten in Eiswürfelschalen. Beim Kochen die Tiefkühlkräuter immer unaufgetaut dazugeben, dann bleibt das Aroma erhalten.

Gewürze kommen zumeist getrocknet und gemahlen zum Einsatz. Am aromatischsten sind natürlich frisch gemahlene Gewürze, wenn sich die ätherischen Öle gerade erst entfalten. Daher sollten Sie sich ruhig einen Vorrat an »ganzen« Gewürzen zulegen. Wenn Sie keine Gewürzmühle haben, können Sie die Gewürze auch in einem Mörser zerstoßen. Für den Fall, dass es mal schnell gehen muss, können Sie dann auch auf die fertig gemahlene Variante zurückgreifen. Kaufen Sie Gewürze immer nur in kleinen Mengen, da die Würzkraft nach zu langer Lagerung nachlässt. Ungemahlene Gewürze sind grundsätzlich länger haltbar als gemahlene.

Selbstgezogene Kräuter schonen den Geldbeutel

Kräuter können Sie frisch, getrocknet oder tief gefroren verwenden. Da das Aroma von Kräutern jedoch am intensivsten ist, wenn sie frisch sind, empfehlen wir Ihnen, Kräuter, die Sie häufig benutzen, selbst im Blumentopf zu ziehen. Samen, Material und Anweisungen für die Anzucht bekommen Sie in jedem Gartencenter.

Vorgezogene Kräutertöpfe gibt es in Supermärkten zu kaufen. Für solch einen Kräutertopf zahlen Sie in der Regel nur doppelt so viel wie für ein geschnittenes Bund Kräuter. Da die Pflanzen bei entsprechender Pflege immer wieder nachwachsen, kommen Sie mit einem Topf wesentlich günstiger weg.

Richtige Verwendung von Kräutern und Gewürzen

1. Gehen Sie sparsam mit Kräutern und Gewürzen um. Der Eigengeschmack der Speisen sollte nicht übertönt werden.
2. Frische Kräuter und Gewürze sind besonders aromatisch.
3. Frische Kräuter waschen, trocknen und klein schneiden oder klein zupfen. Sie sollten nicht im Mixer zerkleinert werden.
4. Geben Sie frische Kräuter erst kurz vor der Fertigstellung über ein Gericht.
5. Zerreiben Sie getrocknete Kräuter zwischen den Fingern und geben Sie sie dann zur Speise.
6. Bewahren Sie Gewürze gut verschlossen, am besten in Gläsern auf, damit das Aroma nicht verfliegt.
7. Nicht aufgebrauchte, schon gewaschene und geschnittene Kräuter (z. B. Petersilie oder Schnittlauch) können Sie einfrieren und später weiterverwenden. Allerdings ist ihr Aroma dann nicht mehr so intensiv wie im frischen Zustand.

Die Einsatzmöglichkeiten und auch die gesundheitlichen Wirkungen der einzelnen Kräuter und Gewürze erfahren Sie in der Tabelle ab Seite 31.

Kräuter- und Gewürztabelle

Kräuter und Gewürze	Passt ideal zu ...	Wirkt/Hilft bei...
Anis	Brot, Gebäck, Süßspeisen	verdauungsfördernd, hilft gegen Blähungen
Bärlauch	Suppen, Saucen, Gemüse, Salaten	hohem Blutdruck
Basilikum	Tomaten, Salaten, Gerichten mit Lamm, Schwein oder Fisch	harn- und schweißtreibend, hilft gegen Blähungen
Bohnenkraut	Gerichten mit Bohnen, Lamm, Wild oder Geflügel	antibakteriell und appetitanregend, magen- und nervenberuhigend, hilft gegen Blähungen
Borretsch	Gerichten mit Schwein, Rind, Gans, Ente oder Aal	herzstärkend, beruhigend und blutbildend
Brunnenkresse	Salaten, Suppen, Kartoffelgerichten	blutreinigend und fiebersenkend, hoher Vitamin- und Mineralstoffgehalt
Dill	Salaten, Gerichten mit Fisch und Krustentieren	verdauungsfördernd
Estragon	Suppen, Saucen, Gerichten mit Rindfleisch, Kalbfleisch oder Fisch	verdauungsfördernd, wirkt harntreibend und appetitanregend
Fenchel	Suppen, Salaten, Gebäck, Fischgerichten	verdauungsfördernd
Gartenkresse	Salaten, Suppen, Fischgerichten	hoher Vitamin- und Mineralstoffgehalt
Ingwer	Suppen, Gerichten mit Geflügel oder Schwein	verdauungsfördernd und reduziert hohe Blutfette
Kardamom	Saucen, Gebäck, Gerichten mit Hackfleisch oder Geflügel	verdauungsfördernd und stärkt das Herz

Kräuter und Gewürze	Passt ideal zu …	Wirkt/Hilft bei…
Kerbel	Suppen, Gerichten mit Lamm, Fisch, Kartoffeln oder Eiern	blutreinigend und entwässernd
Knoblauch	Saucen, Gerichten mit Gemüse, Lamm oder Schwein	blutdrucksenkend, antibakteriell, reduziert hohe Bluttfette
Koriander (Kraut und Gewürz)	Gerichten mit Wild, Gans, Ente, Schwein oder Hülsenfrüchten	appetitanregend und verdauungsfördernd
Kreuzkümmel	Currys, Gerichten mit Kohl oder Hackfleisch	verdauungsfördernd, hilft gegen Blähungen und bei Magenverstimmung
Kümmel	Suppen, Gerichten mit Wild, Kohl oder Schwein	Blähungen und bei Magenverstimmung
Liebstöckel	Suppen, Rohkost	verdauungsfördernd
Lorbeer	Kartoffelsuppen, Eintöpfen, Gerichten mit Wild oder Rind	appetitanregend und verdauungsfördernd
Majoran	fetten, deftigen Speisen	appetitanregend und verdauungsfördernd
Minze	Gerichten mit Lamm oder Rind, wird auch als Tee getrunken	erfrischend, kreislaufanregend und hilft gegen Mundgeruch
Muskat	Ragout, Gerichten mit Kartoffeln oder Spinat	Blähungen
Nelken	Suppen, Gerichten mit Wild, Schwein oder Kohl	Zahnschmerzen, wirkt appetitanregend und verdauungsfördernd
Oregano	Pizza, Gerichten mit Tomaten, Fisch oder Nudeln	entzündungshemmend, krampfstillend, schleimlösend

Kräuter und Gewürze	Passt ideal zu ...	Wirkt/Hilft bei...
Paprika	Gulasch, Bohnensuppen, Gerichten mit Fleisch oder Käse	kreislaufanregend und verdauungsfördernd
Petersilie	Salaten, Suppen, Saucen	kreislaufanregend
Pfeffer	den meisten Speisen	kreislaufanregend
Pfefferminze	Gerichten mit Lamm oder Rind, wird auch als Tee getrunken	erfrischend, kreislaufanregend und hilft gegen Mundgeruch
Rosmarin	Gerichten mit Gemüse, Lamm, Rind, Schwein oder Fisch	nervenberuhigend und kreislaufanregend
Safran	Fischsuppen, Saucen, Gebäck, Gerichten mit Reis und/oder Geflügel	aphrodisierend
Salbei	Gerichten mit Kalb, Lamm, Leber oder Nudeln	antibakteriell, hilft bei Halsschmerzen, Magen- und Darmentzündungen und hemmt die Schweißbildung
Schnittlauch	vielen verschiedenen Speisen	hoher Vitamin-C- Gehalt
Thymian	Gemüsesaucen, mediterranen Gerichten mit Gemüse, Fisch oder Schwein	krampfstillend und schleimlösend
Vanille	Süßspeisen, Gebäck	aphrodisierend
Wacholder	Gerichten mit Kohl, Wild, Schwein oder Rind	Blähungen, wirkt verdauungsfördernd, und entzündungshemmend
Zimt	Gebäck, Kompott, Süßspeisen, Gerichten mit Wild oder Hackfleisch	verdauungsfördernd und appetitanregend
Zitronenmelisse	Eierspeisen, Suppen, Salaten	kreislaufanregend und erfrischend

3 REZEPTE

Mit diesen unkomplizierten und abwechslungsreichen Rezepten können auch ungeübte Köche aus einem ganz normalen Sortiment an Lebensmitteln preiswerte und schmackhafte Diätgerichte zubereiten. Durch die Anlehnung an die mediterrane Küche und den Einsatz von Kräutern und Gewürzen entstehen trotz schlichter Lebensmittel und einfacher Zubereitung köstliche Speisen. Bei der Rezeptauswahl haben wir außerdem

darauf geachtet, dass die einzelnen Gerichte nicht nur für Diabetiker, sondern auch für die gesamte Familie geeignet sind – eine Extradiät für ein Familienmitglied mit Diabetes ist überflüssig. Stattdessen profitieren alle von der gesunden »Diabetes-Diät«. Selbstverständlich dürfen Nicht-Diabetiker von den einzelnen Speisen größere Portionen essen als Diabetiker. Wir wünschen Ihnen guten Appetit!

Snacks & Co.

Ob ein fruchtiges Frühstück, ein Sandwich für unterwegs oder ein leichter Salat – wenn einen der Hunger überfällt, muss es nicht unbedingt gleich eine richtige Mahlzeit sein. Oft hilft schon ein Snack, wenn ein Energieschub fehlt. In diesem Kapitel finden Sie zahlreiche Varianten für den kleinen Appetit zwischendurch.

Himbeerquark mit Haferflocken

Für 2 Personen • Preis: 1,10 €
Zubereitungszeit: 5 Minuten

Zutaten

250 g frische oder gefrorene Himbeeren • 200 g Magerquark • 4 EL Milch (1,5 % Fett) oder Mineralwasser • 2 Spritzer Süßstoff • 75 g kernige Haferflocken

Zubereitung

1. Frische Beeren putzen, gefrorene über Nacht auftauen lassen.
2. Den Quark mit der Milch oder dem Mineralwasser und dem Süßstoff glatt rühren.
3. Die Beeren zusammen mit den Haferflocken unter den Quark heben.

Nährwerte pro Portion

220 kcal • 30 g KH • 3 g F • 18 g EW • 2,5 BE • 3 g Ballaststoffe

Hüttenkäse mit Birnen und Cornflakes

Für 2 Personen • Preis: 0,60 €
Zubereitungszeit: 5 Minuten

Zutaten

2 Birnen oder 4 Birnenhälften aus der Dose • 125 g Hüttenkäse • 4 EL Cornflakes

Zubereitung

1. Frische Birnen halbieren und das Kerngehäuse entfernen, Dosenobst gut abtropfen lassen.
2. Den Hüttenkäse in die Mulden der Birnenhälften geben und mit Cornflakes bestreuen.

Nährwerte pro Portion

170 kcal • 24 g KH • 2 g F • 9 g EW • 2 BE • 4 g Ballaststoffe

Tipp:
Übrig gebliebene Birnen können ohne Haferflocken mit Frischkäse gefüllt als Dessert gereicht werden.

Orangen-Bananen-Müsli

Für 2 Personen • Preis: 0,60 €
Zubereitungszeit: 5 Minuten

Zutaten

1 Banane • 1 große Orange • 50 g Haferflocken • 1 cm Vanilleschote • 125 g fettarmer Joghurt • 1 Spritzer Süßstoff

Zubereitung

1. Die Banane schälen und klein schneiden, die Orange schälen und filetieren.
2. Die Haferflocken in einer beschichteten Pfanne rösten.
3. Das Vanillemark aus der Schote kratzen, mit dem Joghurt verrühren und süßen. In zwei Schälchen füllen.
4. Die gerösteten Flocken darüber streuen und mit dem klein geschnittenen Obst dekorieren.

Nährwerte pro Portion

210 kcal • 38 g KH • 4 g F • 5 g EW • 3 BE • 5 g Ballaststoffe

Tipp:
Die Orange kann durch Mandarinen oder Kiwi ausgetauscht werden.

Aprikosen-Kokos-Müsli

Für 2 Personen • Preis: 0,60 €
Zubereitungszeit: 5 Minuten

Zutaten

120 g Magerquark • 3 EL Milch (1,5 % Fett) oder Mineralwasser • 2 Spritzer Süßstoff • 1 Prise Zimt • 20 g getrocknete Aprikosen • 2 EL Kokosraspel • 4 EL ungezuckertes Müsli

Zubereitung

1. Den Magerquark mit der Milch oder dem Mineralwasser glatt rühren, Süßstoff und Zimt unterrühren.
2. Getrocknete Aprikosen in schmale Streifen schneiden. Mit den Kokosraspeln vermengen.
3. Die Aprikosen-Kokos-Mischung zusammen mit dem Müsli in den Quark geben und verrühren.

Nährwerte pro Portion

180 kcal • 24 g KH • 6 g F • 11 g EW • 1,5 BE • 2 g Ballaststoffe

Erdbeermüsli mit Leinsamen

Für 2 Personen • Preis: 1,60 €
Zubereitungszeit: 5 Minuten

Zutaten

250 g Erdbeeren • 200 ml Milch (1,5 % Fett) • 100 g ungezuckertes Müsli • 1 EL Leinsamen

Zubereitung

1. Die Erdbeeren gründlich waschen, vom Stiel befreien und vierteln. Mit Milch übergießen.
2. Das Müsli und die Leinsamen darüber verteilen.

Nährwerte pro Portion

250 kcal • 41 g KH • 5 g F • 10 g EW • 3,5 BE • 11 g Ballaststoffe

Tipp:
Eine besondere Note bekommt das Müsli, wenn Sie die Erdbeeren mit frisch gemahlenem schwarzen Pfeffer bestreuen.

Mandarinen-Kefir

Für 2 Personen • Preis: 0,80 €
Zubereitungszeit: 5 Minuten

Zutaten

2 frische Mandarinen oder 200 g Mandarinen aus der Dose • 200 g Kefir (1,5 % Fett) • 2 Spritzer Süßstoff • 50 g ungezuckertes Müsli

Zubereitung

1. Frische Mandarinen filetieren, Dosenfrüchte abtropfen lassen. Mit dem Pürierstab oder im Mixer pürieren.
2. Den Kefir und den Süßstoff unterrühren, das Müsli darüber streuen.

Nährwerte pro Portion

160 kcal • 28 g KH • 3 g F • 6 g EW • 2 BE • 4 g Ballaststoffe

Buntes Käsebrötchen

Für 2 Personen • Preis: 0,90 €
Zubereitungszeit: 5 Minuten

Zutaten

2 Vollkornbrötchen • 2 TL Halbfettmargarine • 2 Scheiben Schnittkäse (30 % Fett i. Tr.) • Schnittlauchringe • Paprikawürfel • Radieschen

Zubereitung

1. Die Brötchen halbieren und mit der Halbfettmargarine bestreichen.
2. Mit dem Schnittkäse belegen und mit Schnittlauchringen, Paprikawürfeln und den in Scheibchen geschnittenen Radieschen verzieren.

Nährwerte pro Portion

220 kcal • 25 g KH • 8 g F • 12 g EW • 2 BE • 4 g Ballaststoffe

Tipp:
Um diese leckeren Brötchen zur Arbeit oder zur Schule mitnehmen zu können, empfiehlt es sich, eine Brotbox zu verwenden. So trocknen die Snacks nicht aus und werden auch nicht weich, wie in Folienverpackung.

Rührei-Sandwich

Für 2 Personen • Preis: 0,70 €
Zubereitungszeit: 10 Minuten

Zutaten

1 kleine Zwiebel • 1 Ei • 2 EL Mineralwasser • Salz • Pfeffer • 1 TL Tomatenmark • 2 Scheiben Graubrot

Zubereitung

1. Die Zwiebel würfeln und in einer beschichteten Pfanne anschwitzen.
2. Das Ei mit Mineralwasser verrühren. Mit Salz und Pfeffer würzen, in die Pfanne zu den Zwiebeln geben und stocken lassen.
3. Die Brotscheiben mit dem Tomatenmark bestreichen.
4. Das gestockte Ei auf eine Brotscheibe geben, die zweite Brotscheibe darauf legen. Das so entstandene Sandwich diagonal durchschneiden.

Nährwerte pro Portion

148 kcal • 23 g KH • 4 g F • 6 g EW • 2 BE • 3 g Ballaststoffe

Sesamknäcke mit Lachsschinken

Für 2 Personen • Preis: 0,90 €
Zubereitungszeit: 5 Minuten

Zutaten

2 Sesamknäckebrote • 2 EL Frischkäse (30 % Fett i. Tr.) • 4 Scheiben Lachsschinken • 4 Scheiben einer Salatgurke oder 1 Essiggurke • 1/2 Tomate in Scheiben

Zubereitung

1. Die Knäckebrote mit Frischkäse bestreichen, jeweils 2 Scheiben Lachsschinken darauf legen.
2. Mit Gurken- und Tomatenscheiben dekorieren.

Nährwerte pro Portion

136 kcal • 6 g KH • 4 g F • 19 g EW • 0,5 BE • 1 g Ballaststoffe

Bananen-Nuss-Brot

Für 2 Personen • Preis: 0,80 €
Zubereitungszeit: 5 Minuten

Zutaten

2 EL Hüttenkäse • 2 Scheiben Vollkornbrot • 1 kleine Banane • 1/2 TL gehackte Nüsse

Zubereitung

1. Den Hüttenkäse auf den Brotscheiben verteilen.
2. Die Banane in Scheiben schneiden und auf den Hüttenkäse legen.
3. Die Nüsse darüber streuen.

Nährwerte pro Portion

220 kcal • 38 g KH • 3,5 g F • 9 g EW • 3 BE • 6 g Ballaststoffe

Tipp:
Statt den Nüssen können Sie Kürbis- oder Sonnenblumenkerne in einer beschichteten Pfanne anrösten und über das Brot streuen.

Mozzarella-Rucola-Brötchen (Foto)

Für 2 Personen • Preis: 1,00 €
Zubereitungszeit: 5 Minuten

Zutaten

2 Vollkornbrötchen • 1 Packung Mozzarella • Salz • Pfeffer • 1 Hand voll Rucola

Zubereitung

1. Die Brötchen halbieren.
2. Mozzarella in Scheiben schneiden und die Brötchenhälften damit belegen.
3. Mit Salz und Pfeffer würzen, Rucola waschen und auf die Mozzarella-Brötchen legen.

Nährwerte pro Portion

222 kcal • 24 g KH • 8 g F • 14 g EW • 2 BE • 4 g Ballaststoffe

Tipp:
Wenn Sie diesen Snack für unterwegs mitnehmen, sollten Sie den Belag extra verpacken und erst kurz vor dem Verzehr auf das Brötchen geben. So durchweicht es nicht.

Gurken-Kresse-Brot

Für 2 Personen • Preis: 0,80 €
Zubereitungszeit: 5 Minuten

Zutaten

2 EL Magerquark • 2 Scheiben Roggenbrot • Salz • Pfeffer • 1/4 Salatgurke • Kresse

Zubereitung

1. Den Quark auf die Brotscheiben streichen. Mit Salz und Pfeffer würzen.
2. Die Gurke in sehr feine Scheiben schneiden und schuppenförmig auf dem Quark anrichten.
3. Mit Kresse bestreuen.

Nährwerte pro Portion

124 kcal • 19 g KH • 1 g F • 8 g EW • 1,5 BE • 3 g Ballaststoffe

Italienischer Fenchelsalat

Für 2 Personen • Preis: 1,50 €
Zubereitungszeit: 15 Minuten
+ 30 Minuten ziehen lassen

Zutaten

1 Ei • 2 kleine Fenchelknollen • Salz • 2 Knoblauchzehen • Saft einer Zitrone • 1 TL Olivenöl • Pfeffer • 1 Tomate • 6 schwarze Oliven

Zubereitung

1. Das Ei hart kochen. Den Fenchel waschen und das Grün entfernen und aufbewahren. Die Knollen auf die Wurzel stellen und der Breite nach in Scheiben schneiden.
2. Salzwasser zum Kochen bringen, den Fenchel darin 3 Minuten blanchieren und abgießen.
3. Knoblauch pressen, zusammen mit Zitronensaft, Öl, Salz und Pfeffer zu einer Marinade rühren, über den Fenchel gießen und 1/2 Stunde ziehen lassen.
4. Die Tomate würfeln, das Ei achteln. Die Fenchelscheiben blättrig auf einem Teller anrichten. Mit Tomatenwürfeln, Oliven und Ei-Achteln dekorieren und mit Fenchelgrün bestreuen.

Nährwerte pro Portion

145 kcal • 0 g KH • 11 g F • 8 g EW • 0 BE • 10 g Ballaststoffe

Tomaten-Feta-Salat

Für 2 Personen • Preis: 1,20 €
Zubereitungszeit: 5 Minuten

Zutaten

400 g Tomaten • 100 g Feta • Salz • Pfeffer • 1 TL Rosmarinnadeln • 1 EL Olivenöl • 1 TL Balsamicoessig

Zubereitung

1. Die Tomaten waschen und in Scheiben schneiden.
2. Den Feta würfeln und über die Tomaten bröseln. Salzen und pfeffern.
3. Die Rosmarinnadeln fein hacken und über die Tomaten streuen.
4. Mit Öl und Essig beträufeln.

Nährwerte pro Portion

147 kcal • 0 g KH • 12 g F • 8 g EW • 0 BE • 2 g Ballaststoffe

Tipp:
Den Geschmack des Salates können Sie durch unterschiedliche Kräuter variieren. Wenn Sie statt Rosmarin Liebstöckel dazugeben, bekommt er eine griechische Note, bei Verwendung von Oregano eine sizilianische.

Reissalat

Für 2 Personen • Preis: 1,80 €
Zubereitungszeit: 35 Minuten

Zutaten

120 g Vollkornreis • Salz/Pfeffer • 200 g Champignons (frisch oder aus der Dose) • 1 Gewürzgurke • 1/2 Salatgurke • 1 kleine Zwiebel • 12 Stangen Spargel (Dose) • 4 EL Mandarinen (Dose) • 4 EL Thunfisch (im eigenen Saft) • 3 EL Gewürzgurkensud • 2 TL Öl • Kräutermischung (frisch, getrocknet oder TK)

Zubereitung

1. Den Reis in 3 Tassen Salzwasser garen. Evtl. abgießen.
2. Frische Champignons in dünne Scheiben schneiden, Dosenchampignons abtropfen lassen. Gewürz- und Salatgurke sowie Zwiebel würfeln. Spargel in Stücke schneiden. Mandarinen und Thunfisch abtropfen lassen.
3. Alle Zutaten vermischen.
4. Eine Vinaigrette aus Gewürzgurkensud, Öl, Kräutern, Salz und Pfeffer herstellen und den Salat damit übergießen.

Nährwerte pro Portion

367 kcal • 61 g KH • 9 g F • 17 g EW • 5 BE • 3 g Ballaststoffe

Linsen-Rote-Bete-Salat

Für 2 Personen • Preis: 1,20 €
Zubereitungszeit: 30 Minuten

Zutaten

2 Rote Bete (frisch oder 250 g aus dem Glas) • 100 g Linsen oder 200 g Linsen aus der Dose • Salz • 1 Zwiebel • 1 TL Essig • 2 TL Öl • Pfeffer • 1 EL Korianderblättchen

Zubereitung

1. Frische Rote Bete kochen und schälen. Rote Bete aus dem Glas abtropfen lassen. In kleine Würfel schneiden.
2. Linsen in Salzwasser kochen bzw. Dosenlinsen im Sieb abtropfen lassen.
3. Gekochte Linsen mit den Rote-Bete-Würfeln vermischen.
4. Zwiebel klein würfeln und zur Mischung dazugeben.
5. Marinade aus Essig, Öl, Salz und Pfeffer rühren, über die Rote-Bete-Linsen-Mischung gießen und ca. 1 Stunde ziehen lassen.
6. Mit Korianderblättchen bestreut servieren.

Nährwerte pro Portion

244 kcal • 0 g KH • 6 g F • 13 g EW • 0 BE • 35 g Ballaststoffe

Feldsalat mit Granatapfelkernen

Für 2 Personen • Preis: 1,60 €
Zubereitungszeit: 15 Minuten

Zutaten

100 g Feldsalat • 3 EL Granatapfelkerne • 1 EL Balsamicoessig • 1 EL Olivenöl • 1 EL Senf • 1 Spritzer Süßstoff • 3 EL Apfelsaft • Salz • Pfeffer

Zubereitung

1. Den Feldsalat gründlich waschen, putzen, trocken schleudern und die kleinen Wurzeln entfernen.
2. Die Granatapfelkerne unterheben.
3. Essig, Öl, Senf, Süßstoff, Apfelsaft, Salz und Pfeffer mit dem Handmixer zu einer Marinade rühren.
4. Den Salat mit dem Dressing übergießen und gut durchmischen.

Nährwerte pro Portion

84 kcal • 6 g KH • 6 g F • 2 g EW • 0,5 BE • 1 g Ballaststoffe

Tipp:
Der Salat kann noch mit rohen gehobelten Champignons verfeinert werden. Durch die Pilze wird er farblich noch attraktiver.

Lauch-Apfel-Salat

Für 2 Personen • Preis: 1,70 €
Zubereitungszeit: 15 Minuten + 30 Minuten ziehen lassen

Zutaten

2 Stangen Lauch • 1 großer Apfel • 1 TL Zitronensaft • 2 Scheiben geräucherte Putenbrust • 1 Becher Naturjoghurt (1,5 % Fett) • Salz • Pfeffer • Süßstoff • ger. Muskatnuss • 1 EL gehackte Petersilie

Zubereitung

1. Den Lauch putzen, in Ringe schneiden und waschen. In kochendem Salzwasser kurz blanchieren.
2. Den Apfel schälen, achteln und entkernen. Apfelstücke in feine Scheiben schneiden und mit Zitronensaft beträufeln, damit sie nicht braun werden.
3. Putenbrust in Streifen schneiden.
4. Blanchierten Lauch, Apfelscheiben und Putenbruststreifen vermengen.
5. Den Joghurt mit Salz, Pfeffer, Süßstoff und Muskatnuss verrühren und über die Lauchmasse geben. 30 Minuten ziehen lassen.
6. Mit der gehackten Petersilie bestreuen und servieren.

Nährwerte pro Portion

115 kcal • 10 g KH • 3 g F • 11 g EW • 1 BE • 1 g Ballaststoffe

Karibischer Eiersalat

Für 2 Personen • Preis: 1,30 €
Zubereitungszeit: 15 Minuten

Zutaten

1 Ei • 500 g Staudensellerie • 1 kleine Dose ungezuckerte Ananas • 1 EL Ananassaft aus der Dose • 1 Becher Magerjoghurt • 4 TL geriebener Meerrettich (frisch oder aus dem Glas) • Salz • Pfeffer • 2 EL Zitronensaft • evtl. Süßstoff

Zubereitung

1. Das Ei hart kochen, abkühlen lassen, schälen und achteln.
2. Den Staudensellerie putzen, in 5 cm lange Stücke schneiden, diese längs in Streifen schneiden. Das Selleriegrün aufbewahren.
3. Ananas abtropfen lassen und in kleine Stücke schneiden. Vom Ananassaft 1 EL aufbewahren.
4. Joghurt mit dem Meerrettich, Salz, Pfeffer, Zitronen- und Ananassaft verrühren. Nach Bedarf süßen.
5. Sellerie und Ananas mit der Joghurtmarinade übergießen und gut mischen.
6. Mit Eierachteln und Selleriegrün dekorieren.

Nährwerte pro Portion

187 kcal • 23 g KH • 5 g F • 9 g EW • 2 BE • 5 g Ballaststoffe

Waldorf-Salat

Für 2 Personen • Preis: 1,30 €
Zubereitungszeit: 15 Minuten + 45 Minuten ziehen lassen

Zutaten

1 Stange Sellerie • 1 großer Apfel • 2 EL gehackte Walnüsse • Saft einer 1/2 Zitrone • 2 EL Crème faîche • Salz • Pfeffer • 2 Blätter Eisbergsalat

Zubereitung

1. Sellerie waschen und in dünne Scheiben schneiden. Apfel schälen und reiben.
2. Selleriescheiben mit geriebenem Apfel und Nüssen vermischen.
3. Aus Zitronensaft, Crème fraîche, Salz und Pfeffer eine Marinade mischen und über die Sellerie-Nuss-Apfel-Mischung geben.
4. Den Salat ca. 45 Minuten ziehen lassen und auf den Eisbergsalatblättern anrichten.

Nährwerte pro Portion

122 kcal • 9 g KH • 12 g F • 3 g EW • 0,7 BE • 3 g Ballaststoffe

Tipp:
Aus den Salaten auf dieser Seite lässt sich gut ein Salatbuffet zusammenstellen.

Kürbissuppe (Foto)

Für 2 Personen • Preis: 1,00 €
Zubereitungszeit: 20 Minuten

Zutaten

500 g Kürbis (Muskat-, Hokaido- oder Butternutkürbis) • 1 TL Olivenöl • 1 l Gemüsebrühe • Salz • Pfeffer • 1 Msp. Currypulver

Zubereitung

1. Den Muskatkürbis schälen. Verwendet man Hokaido- oder Butternutkürbis, kann die Schale dranbleiben.
2. Kürbis entkernen und in kleine Würfel schneiden.
3. In Olivenöl andünsten, mit Gemüsebrühe ablöschen und 10 Minuten bei kleiner Hitze weich kochen. Mit dem Pürierstab zerkleinern oder durch ein Sieb streichen.
4. Mit Salz, Pfeffer und Curry abschmecken und servieren.

Nährwerte pro Portion

67 kcal • 0 g KH • 3 g F • 2 g EW • 0 BE • 9 g Ballaststoffe

Berliner Kartoffelsuppe

Für 2 Personen • Preis: 1,30 €
Zubereitungszeit: 30 Minuten

Zutaten

1 Zwiebel • 1 TL Öl • 400 g Kartoffeln • 1 Scheibe gekochter Schinken • 1 Möhre • 100 g Wurzelgemüse (Sellerie, Petersilienwurzel oder Pastinake) • 800 ml Gemüsebrühe • 1 Lorbeerblatt • 3 Wacholderbeeren • 4 Pimentkörner • 1 TL Kümmel • 1 TL Majoran • ger. Muskatnuss • 1 EL Schnittlauchröllchen

Zubereitung

1. Zwiebel schälen und würfeln.
2. Öl in einem Topf erhitzen, Zwiebelwürfel darin glasig dünsten.
3. Kartoffeln schälen, in Würfel schneiden. Schinken, Möhre und Wurzelgemüse ebenfalls fein würfeln, alles zu den Zwiebeln geben und mit dünsten.
4. Mit der Gemüsebrühe aufgießen und 15 Minuten köcheln lassen.
5. Gewürze zufügen und weitere 5 Minuten auf kleiner Flamme kochen.
6. Mit Schnittlauchröllchen bestreuen und servieren.

Nährwerte pro Portion

215 kcal • 30 g KH • 3 g F • 9 g EW • 2,5 BE • 8 g Ballaststoffe

Minestrone

Für 2 Personen • Preis: 1,60 €
Zubereitungszeit: 25 Minuten

Zutaten

1 Zwiebel • 1 Knoblauchzehe • 50 g Karotten • 50 g Sellerie • 50 g Kohlrabi • 50 g Lauch • 50 g Chinakohl oder Weißkraut • 1 TL Öl • 40 g Tomatenmark • 800 ml Gemüsebrühe • 40 g Vollkornreis • 2 EL geriebener Parmesan

Zubereitung

1. Zwiebel und Knoblauch schälen und fein würfeln.
2. Gemüse waschen, putzen und in Streifen schneiden.
3. Das Öl in einem Topf erhitzen, die Zwiebel darin glasig werden lassen. Das Tomatenmark einrühren und anschwitzen. Mit der Gemüsebrühe ablöschen.
4. Gemüse zusammen mit dem Reis in die Brühe geben und langsam kochen lassen, bis der Reis gar ist.
5. Mit Parmesan bestreut servieren.

Nährwerte pro Portion

219 kcal • 15 g KH • 8 g F • 13 g EW • 1,2 BE • 9 g Ballaststoffe

Gurken-Krabben-Suppe

Für 2 Personen • Preis: 1,60 €
Zubereitungszeit: 20 Minuten

Zutaten

1/2 Salatgurke • 1 Frühlingszwiebel • 1 TL Öl • 500 ml Fleisch- oder Gemüsebrühe • 100 g Krabben in Lake • 1 Zweig Estragon • 1 TL abgeriebene Schale einer unbehandelten Zitrone • Salz • Pfeffer

Zubereitung

1. Gurke waschen, einige Scheibchen mit Schale abschneiden und zur Seite legen. Rest der Gurke schälen und würfeln.
2. Frühlingszwiebel in kleine Ringe schneiden. Zusammen mit den Gurkenwürfeln in heißem Öl andünsten. Mit Brühe aufgießen und kochen, bis Zwiebel und Gurke zerfallen.
3. Die Krabben aus der Lake nehmen und abtropfen lassen.
4. Estragon waschen, fein abzupfen und zusammen mit der Zitronenschale in die Suppe rühren. Mit Salz und Pfeffer abschmecken.
5. Die Suppe auf Teller verteilen und mit den aufbewahrten Gurkenscheiben und den Krabben dekorieren.

Nährwerte pro Portion

71 kcal • 0 g KH • 3 g F • 10 g EW • 0 BE • 2 g Ballaststoffe

Lauchsuppe

Für 2 Personen • Preis: 0,80 €
Zubereitungszeit: 15 Minuten

Zutaten

1 kleine Zwiebel • 1 Stange Lauch • 1/2 TL Butter • 1 EL Gries • 1/2 Glas Weißwein • 500 ml Gemüsebrühe • Salz • Pfeffer • ger. Muskatnuss

Zubereitung

1. Die Zwiebel fein würfeln, den Lauch putzen, in 1/2 cm dicke Ringe schneiden und waschen.
2. Butter in einem Suppentopf schmelzen, Zwiebelwürfel und Lauchringe dazugeben und glasig dünsten.
3. Den Gries einstreuen und unter Umrühren kurz anschwitzen. Mit Weißwein ablöschen und den Wein einkochen lassen. Danach mit Gemüsebrühe auffüllen und 7 Minuten köcheln lassen.
4. Mit Salz, Pfeffer und Muskatnuss abschmecken.

Nährwerte pro Portion

58 kcal • 6 g KH • 2 g F • 3 g EW • 0,5 BE • 3 g Ballaststoffe

Orangen-Möhren-Suppe

Für 2 Personen • Preis: 1,20 €
Zubereitungszeit: 20 Minuten

Zutaten

500 g Möhren • 1 Knoblauchzehe • 1/2 TL Olivenöl • 500 ml Gemüsebrühe • Saft von 2 Orangen • evtl. 1 TL kleingehackter Ingwer • Salz • Pfeffer • Cayennepfeffer

Zubereitung

1. Möhren putzen und in dünne Stifte schneiden. Knoblauch schälen und in feine Scheiben schneiden. Beides zusammen in heißem Olivenöl andünsten.
2. Mit der Brühe aufgießen und kochen lassen, bis die Möhren weich sind.
3. Den Orangensaft und nach Belieben Ingwer zufügen.
4. Mit Salz, Pfeffer und Cayennepfeffer abschmecken.

Nährwerte pro Portion

98 kcal • 6 g KH • 2 g F • 3 g EW • 0,5 BE • 12 g Ballaststoffe

Tipp:
Diese Suppe können Sie auch püriert servieren.

Antipasti

Für 2 Personen • Preis: 2,00 €
Zubereitungszeit: 30 Minuten + 60 Minuten ziehen lassen

Zutaten

Je 1 rote, grüne und gelbe Paprikaschote • 2 Zucchini • 1 Aubergine • 2 TL Balsamicoessig • 1 TL Olivenöl • 2 EL Gemüsebrühe • Salz • Pfeffer • 1 Zweig Rosmarin • 2 Knoblauchzehen • 1 Bund Petersilie

Zubereitung

1. Paprika achteln, Kerne und weiße Rippen entfernen. Zucchini und Aubergine in Scheiben schneiden. Alles auf ein mit Backpapier ausgelegtes Blech legen.
2. Im Backofen grillen oder bei starker Hitze ca. 15 Minuten garen. Aus dem Ofen nehmen.
3. Paprikastücke häuten und mit anderem Gemüse auf einer Servierplatte anrichten.
4. Aus Essig, Öl, Gemüsebrühe, Salz und Pfeffer eine Marinade rühren. Rosmarin und Knoblauch hacken und unterrühren. Gemüse damit übergießen und ca. 1 Stunde ziehen lassen.
5. Mit gehackter Petersilie servieren.

Nährwerte pro Portion

96 kcal • 0 g KH • 4 g F • 5 g EW • 0 BE • 10 g Ballaststoffe

Auberginenmus

Für 2 Personen • Preis: 1,20 €
Zubereitungszeit: 1 Stunde 30 Minuten

Zutaten

2 Auberginen • Salz • Pfeffer • 1 Zweig Rosmarin • 1 kleine Knoblauchzehe • 1 Becher fettarmer Joghurt • Petersilie

Zubereitung

1. Auberginen waschen, Stielansätze entfernen und Aubergine der Länge nach halbieren. Salzen und 10 Minuten Wasser ziehen lassen. Mit Küchenkrepp abtupfen.
2. Die vorbereiteten Auberginenhälften mit der Schnittstelle nach oben auf ein Backblech legen. Im Ofen bei 200 °C ca. 40 Minuten garen, bis das Innere der Aubergine weich ist. Die weiche Masse mit einem Löffel aus der Schale kratzen.
3. Mit Salz, Pfeffer und klein gehacktem Rosmarin würzen.
4. Knoblauch schälen, sehr fein hacken, in den Joghurt rühren und gut mit der Auberginenmasse vermengen.
5. Ca. 30 Minuten ziehen lassen und mit gehackter Petersilie anrichten.

Nährwerte pro Portion

61 kcal • 4 g KH • 1 g F • 5 g EW • 0,25 BE • 5 g Ballaststoffe

Handkäse mit Musik

Für 2 Personen • Preis: 1,10 €
Zubereitungszeit: 5 Minuten + 60 Minuten ziehen lassen

Zutaten

80 g Handkäse (Magerkäse/Korbkäse/ Quargel) • 2 Frühlingszwiebeln • 1 TL Essig • 1 TL Öl • Kümmel • Pfeffer • Salz • 1 TL Schnittlauchröllchen

Zubereitung

1. Handkäse in eine Schüssel geben.
2. Die Zwiebeln in Ringe schneiden und den Käse damit belegen.
3. Aus Essig, Öl, Kümmel, Pfeffer und Salz eine Marinade herstellen, Käse und Zwiebeln übergießen.
4. Ca. 1 Stunde ziehen lassen.
5. Mit Schnittlauchröllchen bestreuen und servieren.

Nährwerte pro Portion

71 kcal • 0 g KH • 3 g F • 12 g EW • 0 BE • 1 g Ballaststoffe

Tipp:
Kombiniert mit Pell- oder Bratkartoffeln kann aus dieser kleinen Speise eine vollwertige Mahlzeit werden.

Rettich-Carpaccio

Für 2 Personen • Preis: 1,10 €
Zubereitungszeit: 5 Minuten

Zutaten

1 Rettich • Salz • 1 EL Olivenöl • 30 g Pecorino (35 % Fett) oder Parmesan am Stück • 3 Radieschen • 1 Bund Schnittlauch • einige Minze- oder Melissenblättchen

Zubereitung

1. Den Rettich schälen, in hauchdünne Scheiben schneiden und 2 flache Teller damit auslegen.
2. Rettichscheiben salzen und mit Öl beträufeln.
3. Den Käse mit dem Kartoffelschäler darüber hobeln.
4. Die Radieschen waschen und in winzige Würfel schneiden.
5. Schnittlauch in Röllchen schneiden und mit den Radieschenwürfeln über dem Rettich verteilen.
6. Mit Minze oder Zitronenmelisse dekorieren.

Nährwerte pro Portion

115 kcal • 0 g KH • 9 g F • 6 g EW • 0 BE • 2 g Ballaststoffe

Hauptgerichte

Einmal am Tag muss sie sein: eine warme, sättigende Mahlzeit. Schließlich hält Essen Leib und Seele zusammen – das gilt auch für Diätkost. Wählen Sie sich unter den folgenden Rezepten Ihr persönliches Lieblingsgericht aus. Sie haben die Wahl zwischen Fisch, Fleisch oder vegetarischen Köstlichkeiten.

Kokosgemüse (Foto)

Für 2 Personen • Preis: 2,80 €
Zubereitungszeit: 35 Minuten

Zutaten

1 Tasse Vollkornreis • 1 Zwiebel • 1 Knoblauchzehe • 30 g frischer Ingwer • je 1 rote und gelbe Paprika • 1 Möhre • 1 Zucchini • 1 Bund Frühlingszwiebeln • 1 TL Öl • 1 Peperoni • 100 ml Gemüsebrühe • 30 g Kokosraspel • Salz • Pfeffer • 1/2 TL Currypulver • Korianderblättchen

Zubereitung

1. Reis in 2 Tassen Salzwasser garen.
2. Zwiebel und Knoblauch würfeln. Ingwer fein reiben. Paprika, Möhre, Zucchini und Frühlingszwiebeln putzen und in feine Streifen schneiden.
3. Öl in einer beschichteten Pfanne erhitzen. Zwiebeln, Knoblauch, Peperoni und Ingwer anschwitzen. Gemüse hinzugeben. Mit Gemüsebrühe aufgießen und ca. 7 Minuten glasig dünsten.
4. Mit Kokosraspeln, Salz, Pfeffer, Curry und Koriander würzen und mit dem Reis servieren.

Nährwerte pro Portion

340 kcal • 38 g KH • 15 g F • 8 g EW • 3 BE • 6 g Ballaststoffe

Gefüllte Champignons auf Rucolasalat

Für 2 Personen • Preis: 2,10 €
Zubereitungszeit: 25 Minuten

Zutaten

6 große Champignons • 2 EL fein gehackte Petersilie • 200 g Frischkäse light mit Kräutern • 100 g Rucola • 1 TL Öl • 1 TL Balsamicoessig • 1/2 TL Senf • 2 EL Wasser • Salz • Pfeffer

Zubereitung

1. Die Champignons putzen.
2. Stiele vorsichtig auslösen, klein hacken und mit der Petersilie unter den Frischkäse rühren.
3. Die Käsemasse in die ausgehöhlten Champignonköpfe füllen.
4. Mit der Füllung nach oben auf ein Backblech legen und bei 200 °C für 15 Minuten in den bereits vorgeheizten Backofen schieben.
5. Den Rucola putzen. Aus Öl, Essig, Senf, Wasser, Salz und Pfeffer eine Salatsauce rühren. Rucola damit übergießen und alles gut vermischen.
6. Den Salat auf Teller verteilen und die gebackenen Champignons darauf setzen.

Nährwerte pro Portion

105 kcal • 0 g KH • 5 g F • 12 g EW • 0 BE • 4 g Ballaststoffe

Bohnen auf Tomatensugo

Für 2 Personen • Preis: 1,40 €
Zubereitungszeit: 25 Minuten

Zutaten

500 g grüne Bohnen • 1 TL Salz • 3 Zweige Bohnenkraut • Salz • 1 TL Öl • 2 Knoblauchzehen • 1 Zwiebel • 1 Dose Pizzatomaten • Cayennepfeffer • 1 Spritzer Süßstoff • 6 Basilikumblätter

Zubereitung

1. Die Bohnen mit 1 TL Salz und dem Bohnenkraut in eine Pfanne geben. Mit 125 ml Wasser bedecken und kochen, bis das Wasser verdampft ist. Aus der Pfanne nehmen, abtropfen und das Bohnenkraut entfernen.
2. Öl in die Pfanne geben. Knoblauch und Zwiebel klein würfeln und im Öl leicht anbräunen. Bohnen wieder zugeben und alles 5 Minuten schmoren.
3. Pizzatomaten hinzugeben und köcheln lassen, bis die Sauce dick wird. Vom Herd nehmen, mit Cayennepfeffer und Süßstoff abschmecken.
4. Das Basilikum in Streifen schneiden und in die Sauce einrühren. Auf zwei Teller verteilen und die Bohnen darauf setzen.

Nährwerte pro Portion

134 kcal • 10 g KH • 2 g F • 13 g EW • 0 BE • 29 g Ballaststoffe

Gefüllte Tomaten

Für 2 Personen • Preis: 2,00 €
Zubereitungszeit: 1 Stunde

Zutaten

3 EL Vollkornreis • Salz • 2 Fleischtomaten • 1 Zwiebel • 1/2 Knoblauchzehe • 1 TL Öl • 100 g Feta • Pfeffer • Thymian • Petersilie • 2 EL ger. Käse (30 % Fett i. Tr.)

Zubereitung

1. Vollkornreis in 6 EL Salzwasser aufkochen lassen und garziehen lassen.
2. Von den Tomaten den Deckel abschneiden. Mit einem Esslöffel aushöhlen und das Innere der Tomaten in eine Schüssel geben und zerkleinern.
3. Zwiebel und Knoblauch fein hacken. Das Öl in einer beschichteten Pfanne erhitzen und Knoblauch und Zwiebel darin andünsten. Feta, Tomatenmasse und den gekochten Reis dazugeben, mit Salz und Pfeffer abschmecken und in die ausgehöhlten Tomaten füllen. Kräuter klein hacken, mit dem Käse mischen und auf die Reismasse streuen.
4. Den Tomaten die Deckel aufsetzen und in einer Auflaufform 25 Minuten im Ofen bei 200 °C garen.

Nährwerte pro Portion

270 kcal • 24 g KH • 12 g F • 14 g EW • 2 BE • 2 g Ballaststoffe

Sizilianische Tomaten

Für 2 Personen • Preis: 2,10 €
Zubereitungszeit: 1 Stunde 10 Minuten

Zutaten

2 kleine Kartoffeln • 4 mittelgroße Tomaten • 1 Zwiebel • 1 Knoblauchzehe • 1 TL Olivenöl • 2 Sardellenfilets • 3 Petersilienstängel • 6 Basilikumblätter • 1 EL Kapern • Pfeffer • Salz • 2 TL ger. Parmesan

Zubereitung

1. Kartoffeln waschen und mit Schale gar kochen. Tomaten waschen, Deckel abschneiden, mit einem Löffel die Kerne herauskratzen.
2. Zwiebel würfeln, Knoblauch in Scheiben schneiden, in Olivenöl andünsten, von der Kochstelle ziehen.
3. Sardellen waschen und mit Petersilie, Basilikum und Kapern klein hacken.
4. Kartoffeln schälen, zerdrücken und Zwiebel, Knoblauch, Kräuter und Sardellen untermengen. Salzen und pfeffern. Tomaten mit der Kartoffelmasse füllen und in eine feuerfeste Form geben. Mit Parmesan bestreuen, Deckel darauf setzen und 30 Minuten bei 160 °C im Ofen garen.

Nährwerte pro Portion

179 kcal • 12 g KH • 6 g F • 15 g EW • 1 BE • 2 g Ballaststoffe

Pasta mit Bärlauchpesto

Für 2 Personen • Preis: 1,70 €
Zubereitungszeit: 20 Minuten

Zutaten

200 g Bärlauch • 1 EL Sonnenblumenkerne • 1 TL Olivenöl • Salz • Pfeffer • 50 g geriebener Parmesankäse • 250 g Vollkornspaghetti

Zubereitung

1. Bärlauch klein hacken.
2. Mit dem Pürierstab oder der Küchenmaschine die Sonnenblumenkerne mit dem Öl, Salz und Pfeffer zerkleinern.
3. Den Bärlauch und den geriebenen Parmesan unterrühren.
4. Die Spaghetti laut Packungsanweisung in Salzwasser bissfest kochen und pro Portion mit einem Esslöffel Bärlauchpesto servieren.

Nährwerte pro Portion

617 kcal • 93 g KH • 15 g F • 28 g EW • 8 BE • 2 g Ballaststoffe

Tipp:
Das übrige Pesto können Sie in einem verschlossenen Glas mehrere Tage im Kühlschrank aufbewahren.

Griechischer Spinat

Für 2 Personen • Preis: 1,20 €
Zubereitungszeit: 10 Minuten
ohne Auftauzeit

Zutaten

500 g TK-Blattspinat • 1 EL Olivenöl • Salz • Pfeffer • 1 Msp. Zimt • 3 EL Zitronensaft • 4 Walnüsse • Schale einer unbehandelten Zitrone • 1/2 Knoblauchzehe • 1 Becher fettarmer Joghurt

Zubereitung

1. Spinat auftauen.
2. In einem mit Öl ausgepinselten Topf kurz erhitzen.
3. Mit Salz, Pfeffer, Zimt, Zitronensaft und Öl abschmecken.
4. Den Spinat ringförmig auf zwei Tellern anrichten und mit den Walnusshälften verzieren.
5. Den Knoblauch fein würfeln und zusammen mit der Zitronenschale, Salz und Pfeffer in den Joghurt rühren. Joghurt in das Innere der Ringe verteilen.

Nährwerte pro Portion

160 kcal • 4 g KH • 11 g F • 12 g EW • 0,25 BE • 7 g Ballaststoffe

Omelette mit Blattspinat

Für 2 Personen • Preis: 1,90 €
Zubereitungszeit: 15 Minuten
ohne Auftauzeit

Zutaten

1 kleine Zwiebel • 1 EL Olivenöl • 450 g TK-Blattspinat • Salz • Pfeffer • ger. Muskatnuss • 4 Eier • 4 EL Mineralwasser mit Kohlensäure

Zubereitung

1. Spinat auftauen.
2. Zwiebel würfeln und in der Pfanne mit 1/2 TL Öl glasig werden lassen.
3. Spinat zu den Zwiebelwürfeln in die Pfanne geben, unterrühren und 1 Minute ziehen lassen.
4. Mit Salz, Pfeffer und Muskatnuss abschmecken.
5. Eier mit Wasser verquirlen. Restliches Öl in beschichteter Pfanne erhitzen. Aus den verquirlten Eiern zwei Omelette backen und mit dem Spinat füllen.

Nährwerte pro Portion

215 kcal • 0 g KH • 15 g F • 20 g EW • 0 BE • 6 g Ballaststoffe

Tipp:
Sie können das Omelette auch mit Mangold zubereiten.

Zucchini-Gratin

Für 2 Personen • Preis: 1,70 €
Zubereitungszeit: 45 Minuten

Zutaten

400 g Zucchini • 1 TL Olivenöl • Salz • Pfeffer • 100 ml Gemüsebrühe • 1 EL Semmelbrösel • 1 EL geriebener Parmesan • 1 EL Thymianblättchen

Zubereitung

1. Die Zucchini waschen, Stielansatz entfernen und die Zucchini in ca. 1/2 cm dicke Scheiben schneiden.
2. Eine Auflaufform mit Öl auspinseln. Die Zucchinischeiben ziegelartig darin anrichten. Mit Salz und Pfeffer kräftig würzen und mit Gemüsebrühe übergießen.
3. Das Gemüse 20 Minuten bei 200 °C im Backofen garen lassen.
4. Die Semmelbrösel und den Parmesan mischen und über die gebackenen Zucchini geben. Nochmals für 7 Minuten in den Ofen schieben.
5. Mit Thymianblättchen bestreuen.

Nährwerte pro Portion

130 kcal • 7 g KH • 6 g F • 8 g EW • 0,5 BE • 4 g Ballaststoffe

Lauchtorte

Für 2 Personen • Preis: 2,30 €
Zubereitungszeit: 1 Stunde 20 Minuten + 1 Stunde Ruhezeit

Zutaten

250 g Vollkornmehl • 65 g kalte Butter • 1 Eigelb • 1 TL Salz • 50 ml Wasser • 1 TL Öl für die Form • 500 g Lauch • 50 ml Milch (1,5 %) • 1 EL Mehl • 1 Ei • Salz • Pfeffer • 1 Msp. geriebene Muskatnuss • 100 g Scheibenkäse (30 % Fett i.Tr.)

Zubereitung

1. Das Mehl auf ein Brett sieben. Mit der in Flöckchen geschnittenen Butter, dem Eigelb und dem Salz zu einem Teig verarbeiten und in Folie 1 Stunde ruhen lassen.
2. Eine Springform (Ø 24 cm) fetten. Lauch in Ringe schneiden, waschen und abtropfen lassen. Milch, Mehl, Ei, Salz, Pfeffer und Muskatnuss verquirlen.
3. Teig auf dem Boden der Springform verteilen und einen Rand formen.
4. Den Lauch auf dem Teig verteilen, Milch-Ei-Sauce darüber gießen.
5. Den Käse in Streifen schneiden und darüber verteilen. Bei 200 °C im Backofen 35–40 Minuten backen.

Nährwerte pro Portion

590 kcal • 32 g KH • 46 g F • 13 g EW • 2,5 BE • 19 g Ballaststoffe

Hähnchencurry mit Gemüse (Foto)

Für 2 Personen • Preis: 3,00 €
Zubereitungszeit: 35 Minuten

Zutaten

200 g Hähnchenbrustfilet • 2 TL Sojasauce • 100 g Vollkornreis • 2 Möhren • 1 Paprika • 20 g Bambussprossen • 1 TL Pflanzenöl • 1 TL Currypulver • 100 ml Kokosmilch • 50 ml Gemüsebrühe

Zubereitung

1. Die Hähnchenbrust waschen, trockentupfen und in feine Streifen schneiden und in der Sojasauce marinieren.
2. Den Reis nach Packungsanweisung kochen.
3. Das Gemüse waschen, von der Paprikaschote die weißen Rippen entfernen und alles in feine Streifen schneiden.
4. Das Öl in einer Pfanne erhitzen. Das Currypulver kurz darin anrösten. Der Reihe nach Fleisch und Gemüse dazugeben und zusammen anbraten. Mit Kokosmilch und Gemüsebrühe auffüllen, kurz aufkochen und dann noch ca. 5 Minuten köcheln lassen. Zusammen mit dem Reis servieren.

Nährwerte pro Portion

284 kcal • 30 g KH • 4 g F • 27 g EW • 2,5 BE • 5 g Ballaststoffe

Chop Suey

Für 2 Personen • Preis: 2.60 €
Zubereitungszeit: 35 Minuten

Zutaten

1 Tasse Vollkornreis • 200 g mageres Schweinefleisch • 2 TL Sojasauce • 1 Zwiebel • 1 Knoblauchzehe • 1 Möhre • 6 Champignons • je 1 rote und grüne Paprika • 50 g Sojasprossen • 1 EL Öl • Salz • Pfeffer • 1 Msp. Cayennepfeffer

Zubereitung

1. Reis in 2 Tassen Salzwasser garen.
2. Fleisch in dünne Streifen schneiden und mit der Sojasauce übergießen.
3. Zwiebel schälen, in Ringe schneiden. Knoblauchzehe halbieren. Möhre und Champignons putzen und in feine Scheiben schneiden. Paprikaschoten waschen, in Längsstreifen schneiden. Sojasprossen waschen und abtropfen lassen.
4. Das Öl in einer großen beschichteten Pfanne erhitzen. Fleisch darin anbraten. Gemüse der Reihe nach hinzufügen.
5. Das Chop Suey so lange braten, bis das Fleisch durch ist, das Gemüse Biss hat.
6. Mit Salz und Pfeffer und Cayennepfeffer abschmecken. Knoblauch entfernen. Zusammen mit dem Reis servieren.

Nährwerte pro Portion

368 kcal • 36 g KH • 12 g F • 29 g EW • 3 BE • 6 g Ballaststoffe

Schinken-Röschen

Für 2 Personen • Preis: 2,40 €
Zubereitungszeit: 30 Minuten + 60 Minuten ziehen lassen

Zutaten

1 kleiner Blumenkohl • 500 g Broccoli • Salz • 100 g gekochter Schinken • 2 EL Crème fraîche • 2 EL Schlagsahne • 1 Zwiebel • 2 EL Kapern • 1–2 EL Weißweinessig • Pfeffer • Süßstoff

Zubereitung

1. Blumenkohl und Broccoli putzen und in Röschen schneiden (Stiele entfernen).
2. Blumenkohlröschen in kochendem Salzwasser 5 Minuten garen, abtropfen lassen. Broccoliröschen 3 Minuten garen, kalt abschrecken und abtropfen lassen.
3. Schinken in winzige Würfel schneiden. Crème fraîche und Sahne verrühren und den Schinken unterheben.
4. Zwiebel fein würfeln, Kapern abgießen (Flüssigkeit aufbewahren!), hacken und beides in die Schinkensahne geben.
5. Marinade aus Essig, Kapernwasser, Salz, Pfeffer und Süßstoff rühren. Über das Gemüse geben und ziehen lassen. Gemüse nochmals mischen und mit der Schinkensahne servieren.

Nährwerte pro Portion

250 kcal • 10 g KH • 9 g F • 25 g EW • 0 BE • 7 g Ballaststoffe

Hackfleischstrudel

Ergibt ca. 8 Portionen • Preis: 1,80 €
Zubereitungszeit: 40 Minuten

Zutaten

Für den Teig: 1 Päckchen Strudelteig (100 g) • 3 EL Milch (1,5 % Fett) • 1 EL Sesamsamen
Für die Füllung: 2 kleine Zwiebeln • 1 EL Öl • 500 g gemischtes Hackfleisch • 1 Dose Mais • 1 Msp. Kreuzkümmel • Pfeffer aus der Mühle • 1 Msp. Cayennepfeffer • Salz • je 1 Zweig Thymian und Rosmarin • 2 EL Milch

Zubereitung

1. Zwiebeln würfeln und in beschichteter Pfanne in 1 TL Öl glasig dünsten. Hackfleisch zugeben und anbraten. Die Mischung zusammen mit dem Mais und der Milch in eine Schüssel geben. Gewürze und Kräuter untermischen.
2. Den Strudelteig auf Folie ausrollen. Die Ränder mit Milch bestreichen. Die Fleischmasse auf dem Teig verteilen und diesen mit Hilfe der Folie wieder zusammenrollen. Ränder andrücken. Oberfläche mit Milch bestreichen und mit Sesam bestreuen. Strudel im vorgeheizten Ofen bei 200 °C ca. 30 Minuten backen.

Nährwerte pro Portion

270 kcal • 20 g KH • 13 g F • 16 g EW • 2 BE • 8 g Ballaststoffe

Moussaka

Für 4 Personen • Preis: 1,80 €
Zubereitungszeit: 1 Stunde 20 Minuten

Zutaten

400 g Auberginen • Salz • 3 EL Öl • 400 g Kartoffeln • 1 Zwiebel • 1 Knoblauchzehe • 150 g Hackfleisch vom Rind • Pfeffer • 100 ml Gemüsebrühe • 1 Dose geschälte Tomaten • 1 Zweig Thymian • 4 Salbeiblätter • 1 Zweig Rosmarin • 2 EL Weißwein • Zimt • 150 ml Milch • 1 Ei • 1 TL Mehl

Zubereitung

1. Die Auberginen waschen, den Stielansatz entfernen, Auberginen in Scheiben schneiden und diese von beiden Seiten salzen. 10 Minuten stehen lassen und das gezogene Wasser mit Küchenkrepp von den Auberginen abtupfen. Portionsweise in 1 EL Öl anbraten und auf einem Teller zur Seite stellen.
2. Die Kartoffeln schälen, in Scheiben schneiden und in 1 EL Öl in beschichteter Pfanne anbraten und salzen.
3. Zwiebel und Knoblauch fein würfeln und mit dem restlichen Öl in einer zweiten Pfanne glasig werden lassen. Das Hackfleisch dazugeben und anbraten. Mit Salz und Pfeffer würzen. Die Auberginen zur Hackfleischmasse geben und mit Gemüsebrühe aufgießen. 10 Minuten köcheln lassen.
4. Den Backofen auf 200 °C vorheizen.
5. In einem extra Topf die Dosentomaten zusammen mit klein gehacktem Thymian, Salbei, Rosmarin und Wein aufkochen und eine Sauce zubereiten. Diese mit je 1 Prise Zimt, Pfeffer und Salz abschmecken.
6. In eine Auflaufform abwechselnd Kartoffeln und Hackfleischmasse schichten und mit der Tomaten-Wein-Sauce übergießen.
7. Ca. 40 Minuten im Backofen backen. Die Milch mit dem Ei verquirlen, dann das Mehl unterrühren. Die Masse über die Moussaka gießen und für weitere 10 Minuten in den Backofen schieben.

Nährwerte pro Portion

400 kcal • 39 g KH • 15 g F • 28 g EW • 3 BE • 10 g Ballaststoffe

Tipp:
Damit sich der Aufwand für die lange Zubereitung lohnt, haben wir die Menge gleich für 4 Portionen angegeben. Moussaka eignet sich gut zum Einfrieren. So haben Sie gleich einen Vorrat.

Steak mediterranea

Für 2 Personen • Preis: ca. 2,95 €
Zubereitungszeit: 20 Minuten

Zutaten

4 kleine Kartoffeln • 250 g Rindersteak • 2 TL Ölivenöl • 1 Zwiebel • 1 Knoblauchzehe • 3 Tomaten • 2 TL Tomatenmark • Oregano • Basilikum • Salz • Pfeffer • 1 Spritzer flüssiger Süßstoff

Zubereitung

1. Die Kartoffeln waschen, achteln und bei 190 °C für ca. 15 Minuten auf einem Blech in den Backofen schieben.
2. Das Fleisch mit etwas Öl bepinseln, in beschichteter Pfanne auf jeder Seite 3 Minuten anbraten. Herausnehmen, in Alufolie wickeln und warm stellen.
3. Zwiebel würfeln, Knoblauch fein hacken, Tomaten würfeln.
4. Das restliche Öl in die Pfanne geben. Die Zwiebelwürfel darin glasig dünsten. Tomatenmark kurz mitdünsten, Knoblauch und Tomatenwürfel dazugeben und aufkochen. Mit den Kräutern, Salz, Pfeffer und Süßstoff abschmecken.
5. Zusammen mit den Kartoffelspalten servieren.

Nährwerte pro Portion

250 kcal • 21 g KH • 5 g F • 30 g EW • 2 BE • 4 g Ballaststoffe

Putenkeule

Für 2 Personen • Preis: ca. 2,60 €
Zubereitungszeit: 1 Stunde 15 Minuten

Zutaten

1 Putenkeule (ca. 400 g mit Knochen) • 1 TL Pflanzenöl • Salz • Pfeffer • süßes Paprikapulver • 1 Knoblauchzehe • 1 Zwiebel • 1 Möhre • Lorbeerblätter • 1 Zweig Rosmarin • 1 Zweig Thymian

Zubereitung

1. Die Putenkeule waschen, trockentupfen und mit Salz, Pfeffer und Paprika einreiben.
2. Öl in einer Pfanne erhitzen. Die Keule mit der Hautseite nach unten anbraten.
3. Knoblauch und Zwiebel schälen, in Scheiben schneiden. Möhre putzen und in Ringe schneiden. Das Gemüse in eine feuerfeste Form geben, Lorbeer und Rosmarin darauf verteilen und das angebratene Fleisch mit der Hautseite nach oben darauf legen. Im vorgeheizten Ofen bei ca. 180 °C 1 Stunde schmoren lassen.
4. Die Keule aus dem Ofen nehmen, die Haut entfernen, das Fleisch in Scheiben schneiden und mit Thymian bestreuen.

Nährwerte pro Portion

200 kcal • 0 g KH • 8 g F • 31 g EW • 0 BE • 4 g Ballaststoffe

Lammsteaks mit Chicorée

Für 2 Personen • Preis: 2,80 €
Zubereitungszeit: 50 Minuten
ohne Auftauzeit

Zutaten

1 kleine Tasse Vollkornreis • 2 Stauden Chicorée • 1/2 TL Butter • 1 EL Portwein • Salz • Pfeffer • 2 Spritzer Süßstoff • 1 TL Petersilie • 1 TL Öl • 2 Lammsteaks à 100 g (frisch oder TK) • 1 Knoblauchzehe • 1 getrocknete Tomate • 1 TL Kapern • 4 EL Gemüsebrühe • ger. Muskatnuss • Majoran (frisch oder getrocknet) • 1 TL scharfer Senf

Zubereitung

1. Den Vollkornreis in 2 Tassen Salzwasser garen.
2. Die Chicoréestauden putzen und halbieren. Den Strunk so weit entfernen, dass die Staude nicht auseinander fällt. Butter in einer Pfanne erhitzen, den Chicorée mit der Schnittstelle nach unten hineinlegen, anbraten und mit Portwein ablöschen. Weitergaren, bis das Gemüse glasig ist. Mit Salz, Pfeffer und Süßstoff würzen und abschmecken. Mit Petersilie bestreuen und warm stellen.
3. Eine beschichtete Pfanne mit Öl auspinseln und erhitzen. Darin die Steaks von beiden Seiten braten. Anschließend mit Salz und Pfeffer abschmecken, aus der Pfanne nehmen und warm stellen.
4. Knoblauch fein hacken und die getrocknete Tomate würfeln. In der Pfanne die Tomatenwürfel, die Kapern und den Knoblauch anbraten und mit Gemüsebrühe abloschen. Die Flüssigkeit auf die Hälfte einkochen. Mit Salz, Pfeffer, Muskat, Majoran und Senf abschmecken.
5. Zusammen mit den Lammsteaks, dem Chicorée und dem Reis anrichten.

Nährwerte pro Portion

340 kcal • 40 g KH • 8 g F • 27 g EW • 3,5 BE • 4 g Ballaststoffe

Tipp:
Lassen Sie die tiefgekühlten Lammsteaks einfach über Nacht im Kühlschrank auftauen. So sparen Sie Wartezeit und können gleich loslegen.

Putenschnitzel mit Kartoffel-Gurken-Salat

Für 2 Personen • Preis: 2,50 €
Zubereitungszeit: 45 Minuten

Zutaten

2 kleine Putenschnitzel • 1 TL Senf • 2 TL Öl • 3 gekochte mittelgroße Pellkartoffeln • 1/2 Salatgurke • 1 Essiggurke • 1 Zwiebel • 4 EL Gemüsebrühe • Salz • Pfeffer

Zubereitung

1. Die Putenschnitzel dünn mit Senf bestreichen.
2. Eine beschichtete Pfanne mit Öl auspinseln und erhitzen. Die Schnitzel auf jeder Seite 3 Minuten braten.
3. Die Kartoffeln pellen und in Scheiben schneiden.
4. Salatgurke, Essiggurke und Zwiebel fein hobeln und unter die Pellkartoffeln mischen.
5. Einen heißen Sud aus Gemüsebrühe, Salz, Pfeffer und Öl zubereiten und die Kartoffelscheiben damit übergießen.
6. Den Kartoffelsalat lauwarm zu den Putenschnitzeln servieren.

Nährwerte pro Portion

254 kcal • 18 g KH • 6 g F • 32 g EW • 1,5 BE • 2 g Ballaststoffe

Schweinemedaillons mit Sommergemüse (Foto)

Für 2 Personen • Preis: 2,80 €
Zubereitungszeit: 25 Minuten

Zutaten

1 Knoblauchzehe • 1 1/2 TL Pflanzenöl • 200 g grüne Bohnen • 3 Stängel Bohnenkraut • Salz • 2 Möhren • 1 Kohlrabi • 100 ml Gemüsebrühe • 150 g Vollkornnudeln • 2 Schweinemedaillons à 100 g • Pfeffer • 1 TL Petersilie

Zubereitung

1. Knoblauchzehe schälen, in 1 TL Öl anbraten. Bohnen waschen, den Faden entfernen und zusammen mit den Bohnenkrautstängeln zum Knoblauch geben. Sofort salzen.
2. Möhren und Kohlrabi putzen, in Stifte schneiden und zu den Bohnen geben. Das Gemüse ca. 5 Minuten schmoren lassen.
3. Mit Gemüsebrühe aufgießen. Bei kleiner Hitze köcheln lassen, bis die Bohnen gar sind. Bohnenkraut entfernen.
4. Nudeln nach Anleitung al dente kochen. Das Fleisch würzen und mit 1/2 TL Öl in einer beschichteten Pfanne von beiden Seiten gut braten. Mit Petersilie bestreuen und alles servieren.

Nährwerte pro Portion

425 kcal • 30 g KH • 9 g F • 38 g EW • 2 BE • 10 g Ballaststoffe

Kaninchen in Knoblauchsauce

Für 2 Personen • Preis: 2,70 €
Zubereitungszeit: 1 Stunde 10 Minuten

Zutaten

2 Kaninchenkeulen • Salz • Pfeffer • 1 TL Olivenöl • 4 kleine Zwiebeln • 3 Knoblauchzehen • 1 Dose (400 g) geschälte Tomaten • 4 kleine Kartoffeln • Cayennepfeffer • Rosmarin

Zubereitung

1. Kaninchenkeulen waschen und mit Küchenkrepp trockentupfen. Mit Salz und Pfeffer einreiben. Olivenöl in einer beschichteten Pfanne erhitzen. Die Keulen darin anbraten und aus der Pfanne nehmen.
2. Zwiebeln und Knoblauch schälen und im Bodensatz der Pfanne andünsten. Tomaten dazugeben und alles aufkochen. Die Keulen wieder in die Pfanne geben und bei kleiner Hitze schmoren lassen.
3. Die Kartoffeln waschen und in der Schale gar kochen. Das Fleisch nach 40 Minuten mit Salz, Pfeffer, Cayenne und Rosmarin würzen und nochmals 5 Minuten ziehen lassen. Mit den geschälten Kartoffeln servieren.

Nährwerte pro Portion

400 kcal • 25 g KH • 15 g F • 36 g EW • 2 BE • 5 g Ballaststoffe

Zitronenhähnchen

Für 2 Personen • Preis: 2,30 €
Zubereitungszeit: 45 Minuten ohne Auftauzeit

Zutaten

1/2 Hähnchen (frisch oder TK) • Salz • Pfeffer • 1 TL Olivenöl • 1 Bund Petersilie • 1 kleine Zwiebel • 2 Knoblauchzehen • 1 unbehandelte Zitrone • 4 kleine Kartoffeln • Curry • Cayennepfeffer

Zubereitung

1. Das (aufgetaute) halbe Hähnchen in kleinere Stücke teilen, salzen und pfeffern. Hähnchenteile in Olivenöl in einer beschichteten Pfanne von allen Seiten kurz anbraten. Herausnehmen. Petersilie in einer Kasserolle verteilen, Hähnchenteile darauf legen. Bei mittlerer Hitze 15 Minuten im vorgeheizten Ofen garen.
2. Zwiebel und Knoblauch in Scheiben schneiden. Die Zitrone mit dem Messer schälen und in Scheiben schneiden.
3. Kartoffeln schälen und achteln. Zwiebel, Knoblauch und Kartoffeln um die Hähnchenteile legen, mit den Zitronenscheiben bedecken und 20 Minuten im Ofen garen. Dann mit Salz, Pfeffer, Curry und Cayennepfeffer würzen.

Nährwerte pro Portion

380 kcal • 24 g KH • 17 g F • 33 g EW • 2 BE • 2 g Ballaststoffe

Pot au Feu vom Huhn

Für 2 Personen • Preis: 2,90 €
Zubereitungszeit: 1 Stunde 40 Minuten ohne Auftauzeit

Zutaten

1/2 Hähnchen (frisch oder TK) • 1 TL schwarze Pfefferkörner • 3 Wacholderbeeren • Salz • 2 kleine Zwiebeln • 4 Kartoffeln • 1 große Möhre • 1 Kohlrabi • 1 Petersilienwurzel oder 100 g Sellerie • 1 Stange Lauch • 1 Thymianzweig • 3 Stängel Petersilie • 1 Lorbeerblatt • 3 EL Schnittlauchröllchen • frischer Meerrettich nach Belieben

Zubereitung

1. Das (aufgetaute) Huhn innen und außen gründlich gründlich mit kaltem Wasser waschen. In einem großen Topf ca. 2 l Wasser zum Kochen bringen. Den Pfeffer grob zerstoßen und die Wacholderbeeren zerdrücken. Zusammen mit 1 TL Salz in das Kochwasser geben. Anschließend das Huhn zugeben und ca. eine Dreiviertelstunde köcheln lassen. Den Schaum, der dabei an der Oberfläche entsteht, immer wieder mit einer Schaumkelle abschöpfen.
2. In der Zwischenzeit die Zwiebeln schälen und vierteln. Die Kartoffeln, die Möhre, den Kohlrabi und die Petersilienwurzel waschen, putzen, schälen und klein schneiden. Bei Verwendung von Sellerie diesen klein würfeln. Den Lauch putzen und in ca. 5 cm lange Stücke schneiden.
3. Nach ca. 35 Minuten Kochzeit die Zwiebeln, die Möhre, den Kohlrabi, die Petersilienwurzel bzw. den Sellerie zu dem Huhn geben. 10 Minuten später auch noch die Kartoffeln, den Thymian, die Petersilienstängel und das Lorbeerblatt hinzufügen. Weitere 5 Minuten später noch den Lauch zugeben.
4. Nach etwa 1 Stunde Kochzeit das Huhn aus der Brühe nehmen und etwas abkühlen lassen. Die Haut von dem Huhn abziehen und das Fleisch in kleine Stücke teilen. Das Gemüse mit der Brühe in Teller füllen, Fleischstücke darauf geben und mit Schnittlauchröllchen bestreuen. Nach Belieben mit etwas frisch geriebenem Meerrettich bestreuen.

Nährwerte pro Portion

395 kcal • 24 g KH • 15 g F • 35 g EW • 2 BE • 6 g Ballaststoffe

Tipp:
Um beide Hälften eines Hähnchens zu verwenden, ist es sinnvoll, an einem Tag das Zitronenhähnchen zu servieren und das Pot au Feu für den nächsten Tag vorzukochen. So kann die zweite Hälfte abwechslungsreich verwendet werden.

Sesam-Scholle mit Kartoffelpüree (Foto)

Für 2 Personen • Preis: 2,20 €
Zubereitungszeit: 30 Minuten
ohne Auftauzeit

Zutaten

300 g Schollenfilet (frisch oder TK) • 250 g Kartoffeln • 250 ml Gemüsebrühe • 3 EL Milch (1,5 % Fett) • Salz • 1 Stange Lauch • 2 Tomaten • Thymian • Pfeffer • 2 EL Sesamsamen • 1 TL Öl

Zubereitung

1. TK-Schollenfilet auftauen, waschen und trockentupfen.
2. Kartoffeln schälen, in Stücke schneiden, in Brühe kochen, zerstampfen, mit der Milch zu Brei rühren und salzen. Evtl. den Brei mit Brühe verdünnen.
3. Den Lauch in Ringe schneiden, waschen und in einer beschichteten Pfanne anbraten.
4. Die Tomaten würfeln und dazugeben. Mit Salz, Thymian und Pfeffer würzen.
5. Den Fisch salzen und im Sesam wenden. Öl in einer Pfanne erhitzen und den Fisch vorsichtig von beiden Seiten braten.
6. Die Filets auf das Lauchgemüse legen und mit Kartoffelpüree servieren.

Nährwerte pro Portion

272 kcal • 20 g KH • 8 g F • 30 g EW • 1,5 BE • 6 g Ballaststoffe

Forelle im Gemüsebett

Für 2 Personen • Preis: 2,40 €
Zubereitungszeit: 30 Minuten
ohne Auftauzeit

Zutaten

2 Forellen (frisch oder TK) • Salz • Pfeffer • 2 Petersilienstängel • 1 Möhre • 2 Stangen Sellerie • 1 Zwiebel • 1 TL Korianderblätter

Zubereitung

1. Die (aufgetauten) Forellen waschen und mit Küchenkrepp trockentupfen.
2. Den Fisch salzen, pfeffern und mit jeweils einem Petersilienstängel füllen.
3. Möhre und Sellerie putzen und in kleine Würfel schneiden. Die Zwiebel fein würfeln. Alles in kochendem Wasser blanchieren.
4. Das Gemüse in eine Kasserolle geben und die Fische darauf legen.
5. Ca. 20 Minuten im vorgeheizten Backofen bei 180 °C garen.
6. Mit Korianderblättchen servieren.

Nährwerte pro Portion

164 kcal • 0 g KH • 4 g F • 30 g EW • 0 BE • 2 g Ballaststoffe

Rotbarsch-Bananen-Curry

Für 2 Personen • Preis: 2,60 €
Zubereitungszeit: 25 Minuten

Zutaten

1 kleine Tasse Reis • Salz • 250 g Rotbarschfilet • 1 Stange Lauch • 1 große Banane • 1 TL Öl • Saft von 1 Zitrone • 4 TL Crème fraîche • Pfeffer • Currypulver • 1 Spritzer flüssiger Süßstoff

Zubereitung

1. Den Reis mit 2 Tassen Salzwasser garen, bis die Flüssigkeit verbraucht ist.
2. Rotbarschfilet würfeln. Den Lauch putzen und in Ringe, die Banane in Scheiben schneiden.
3. Öl in einer beschichteten Pfanne erhitzen. Nacheinander Fisch, Banane und Lauch hineingeben und anbraten. Zitronensaft hinzufügen.
4. Die Crème fraîche mit Curry, Salz, Pfeffer und Süßstoff verrühren und in der Pfanne miterhitzen.
5. Zum Reis servieren.

Nährwerte pro Portion

390 kcal • 50 g KH • 8 g F • 29 g EW • 4 BE • 9 g Ballaststoffe

Fischspieß à la Provence

Für 2 Personen • Preis: 2,00 €
Zubereitungszeit: 40 Minuten

Zutaten

2 große Kartoffeln • 250 g Seelachsfilet • je 1 rote, grüne und gelbe Paprika • 1 Zwiebel • Salz • Pfeffer • 1 TL Olivenöl • Rosmarin • Salbei • Thymian

Zubereitung

1. Kartoffeln waschen, auf der Oberseite ein Kreuz in die Schale schneiden, in Alufolie einwickeln, im vorgeheizten Backofen 35 Minuten bei 200 °C garen.
2. Den Fisch in ca. 2 x 2 cm große Würfel schneiden. Die Paprikaschoten waschen, putzen und ebenso wie den Fisch würfeln. Abwechselnd Fisch und Paprikawürfel auf Schaschlikspieße stecken, mit Salz und Pfeffer würzen und zur Seite stellen.
3. Die übrigen Paprikawürfel zusammen mit der Zwiebel im Öl schmoren lassen. Die Kräuter fein hacken und zugeben.
4. Die Fischspieße in einer beschichteten Pfanne bei kleiner Hitze garen. Auf dem Paprikagemüse zusammen mit den Folienkartoffeln servieren.

Nährwerte pro Portion

212 kcal • 18 g KH • 4 g F • 26 g EW • 1,5 BE • 12 g Ballaststoffe

Spinat-Lachs-Gratin

Für 2 Personen • Preis: 2,40 €
Zubereitungszeit: 1 Stunde ohne Auftauzeit

Zutaten

500 g TK-Blattspinat • 200 g Lachs (TK oder frisch) • 250 g Kartoffeln • 1 Zwiebel • 1 TL Öl • Salz • Pfeffer • Zitronensaft • ger. Muskatnuss • 1 TL Halbfettmargarine • 1 EL Mehl • 100 ml Gemüsebrühe • 1 EL Schmand

Zubereitung

1. Spinat auftauen. Den (aufgetauten) Lachs waschen und trockentupfen.
2. Kartoffeln waschen, kochen, schälen, in Scheiben schneiden und in eine Auflaufform geben.
3. Zwiebel würfeln, im Öl andünsten, Spinat zugeben, erhitzen und mit Salz, Pfeffer, Zitronensaft und Muskatnuss abschmecken. Auf die Kartoffeln geben. Lachs würfeln, salzen und ebenfalls in die Form geben.
4. Margarine in einem Topf schmelzen und mit Mehl bestauben. Mit Brühe ablöschen, Schmand einrühren und über den Auflauf gießen. Im vorgeheizten Ofen bei 200 °C ca. 20 Minuten backen.

Nährwerte pro Portion

400 kcal • 25 g KH • 20 g F • 30 g EW • 2 BE • 8 g Ballaststoffe

Krabbenpfanne mit Gemüse

Für 2 Personen • Preis: 2,70 €
Zubereitungszeit: 30 Minuten ohne Auftauzeit

Zutaten

90 g Reis • Salz • 1 kleine Zwiebel • 1 Knoblauchzehe • 1 TL Pflanzenöl • 1 kleine Chilischote • 300 g Blumenkohl • 250 g Möhren • 4 EL TK-Erbsen • 250 ml Gemüsebrühe • 150 g Krabben (TK oder in Lake) • Pfeffer • Sojasauce • 1TL Petersilie

Zubereitung

1. Den Reis in doppelt so viel Salzwasser garen bis die Flüssigkeit verbraucht ist.
2. Zwiebel und Knoblauchzehe klein hacken. Das Öl in eine beschichtete Pfanne geben, gehackte Zwiebel und Knoblauchzehe zusammen mit der Chilischote hineingeben und anrösten.
3. Blumenkohl waschen und in Röschen teilen, Möhren putzen und klein schneiden. Beides in der Pfanne andünsten. Erbsen und Brühe dazugeben und alles einkochen lassen. Die Krabben unterrühren. Mit Pfeffer, Petersilie und Sojasauce würzen und auf dem Reis verteilen.

Nährwerte pro Portion

330 kcal • 45 g KH • 6 g F • 24 g EW • 3 BE • 12 g Ballaststoffe

Rotbarsch in Tomatensauce

Für 2 Personen • ca. Preis: 1,95 €
Zubereitungszeit: 20 Minuten
ohne Auftauzeit

Zutaten

200 g Rotbarschfilet (frisch oder TK) • 1 Zwiebel • 1 Knoblauchzehe • 1 TL Olivenöl • 1 Prise Zucker • 1 Dose Pizzatomaten (400 ml) • Salz • Pfeffer • Cayennepfeffer

Zubereitung

1. TK-Fisch auftauen lassen.
2. Zwiebel und Knoblauchzehe sehr fein hacken.
3. Öl in einem Topf erhitzen, den Zucker dazugeben und schmelzen lassen. Zwiebel und Knoblauch hinzufügen. Wenn sie glasig sind, mit den Tomaten auffüllen. Kochen lassen, bis die Tomaten ganz zerfallen sind. Mit Salz, Pfeffer und Cayennepfeffer abschmecken.
4. Den Fisch waschen und trockentupfen. In die Tomatensauce geben und 8 Minuten bei kleiner Hitze ziehen lassen.

Nährwerte pro Portion

112 kcal • 0 g KH • 4 g F • 19 g EW • 0 BE • 1 g Ballaststoffe

Zwiebelfisch

Für 2 Personen • Preis: ca. 2,65 €
Zubereitungszeit: 35 Minuten
ohne Auftauzeit

Zutaten

200 g Fischfilets (Rotbarsch, Seelachs oder Kabeljau, frisch oder TK) • 1 EL Zitronensaft • 300 g Gemüsezwiebeln • 2 Scheiben durchwachsener Speck • 1 TL Olivenöl • Salz • Pfeffer • süßes Paprikapulver • 100 ml Gemüsebrühe

Zubereitung

1. Den (aufgetauten) Fisch waschen, trockentupfen, mit Zitronensaft beträufeln und 10 Minuten ziehen lassen.
2. Die Zwiebeln in Streifen schneiden, den Speck fein würfeln.
3. Das Öl in einem Topf erhitzen und den Speck braten. Die Zwiebeln dazugeben und andünsten. Mit Salz, Pfeffer und Paprika würzen, mit Gemüsebrühe auffüllen und im geschlossenen Topf 5 Minuten weiter leicht köcheln lassen.
4. Die Filets auf die Zwiebeln legen und 8 Minuten im geschlossenen Topf garen.

Nährwerte pro Portion

240 kcal • 0 g KH • 15 g F • 21 g EW • 0 BE • 8 g Ballaststoffe

Kabeljau im Schiffchen

Für 2 Personen • Preis: ca. 2,75 €
Zubereitungszeit: 30 Minuten
ohne Auftauzeit

Zutaten

200 g Kabeljaufilet (frisch oder TK) • 2 große Kartoffeln • 1 TL Pflanzenöl • 100 ml Gemüsebrühe • 1 Bund Frühlingszwiebeln • 200 g TK-Erbsen • Salz • Pfeffer • 3 EL Crème fraîche • 1 Schälchen Kresse • 1 TL Schnittlauchröllchen • 1 TL gehackte Petersilie • 1 TL fein gezupfter Dill

Zubereitung

1. TK-Fisch auftauen lassen. Die Kartoffeln in kleine Würfel schneiden. Öl in einer Pfanne erhitzen und die Kartoffeln anbraten. Mit Gemüsebrühe aufgießen und 5 Minuten ziehen lassen.
2. Frühlingszwiebeln putzen und in Ringe schneiden, mit den Erbsen unter die Kartoffeln mengen, mit Salz und Pfeffer würzen.
3. Aus Alufolie zwei Schiffchen formen und auf ein Backblech setzen.
4. Den Fisch waschen, trockentupfen, salzen und pfeffern. Das Gemüse in die Schiffchen füllen und die Filets oben darauf setzen.
5. Crème fraîche verrühren und über den Fisch geben. Die Alufolie dicht verschließen und für 15 Minuten bei 180 °C in den Backofen schieben.
6. Schiffchen öffnen und den Fisch mit Kresse, Schnittlauch, Petersilie und Dill bestreuen.

Nährwerte pro Portion

320 kcal • 18 g KH • 9 g F • 25 g EW • 1,5 BE • 28 g Ballaststoffe

Tipp:
Dieses Gericht passt auch prima zur Grillsaison. Dafür garen Sie die gut verschlossenen Schiffchen mit dem Kabeljaufilet und dem Gemüse ca. 20 Minuten auf dem Grill.

Süßes & Drinks zum Verwöhnen

Was gibt es Schöneres als eine süße Schlemmerei zum Abschluss eines guten Essens? Oder ein leckeres Stück Kuchen zum Cappuccino oder Tee? Mit den Verwöhn-Rezepten in diesem Kapitel begehen Sie keine Sünden, jedenfalls keine schwerwiegenden.

Mangocreme (Foto)

Für 2 Personen • Preis: 1,10 €
Zubereitungszeit: 15 Minuten

Zutaten

1 reife Mango • 10 g Vanillepuddingpulver • 180 ml Milch (1,5 % Fett) • flüssiger Süßstoff • 1 Eiweiß • Minzeblättchen

Zubereitung

1. Die Mango schälen, entsteinen und mit dem Pürierstab zerkleinern.
2. Das Puddingpulver mit 2 EL kalter Milch glatt rühren, die restliche Milch zum Kochen bringen und von der Kochstelle nehmen. Das Puddingpulver hineinrühren, noch mal kurz aufkochen und mit Süßstoff abschmecken.
3. Die Mangomasse in den Pudding rühren und kalt stellen.
4. Das Eiweiß steif schlagen und unter die Puddingmasse ziehen. In Gläser füllen und mit Minzeblättchen verzieren.

Nährwerte pro Portion

101 kcal • 17 g KH • 1 g F • 6 g EW •
1,5 BE • 2 g Ballaststoffe

Birnen mit Zabaione

Für 2 Personen • Preis: 1,30 €
Zubereitungszeit: 15 Minuten

Zutaten

2 frische Birnen oder 4 Birnenhälften aus der Dose • 1 EL Zitronensaft • 125 ml Rotwein • 1 Beutel Glühweingewürz • 1 EL Zucker • 1 Ei

Zubereitung

1. Frische Birnen schälen, das Kerngehäuse entfernen und in Wasser mit Zitronensaft weich kochen. Dosenobst abtropfen lassen.
2. Den Rotwein mit dem Glühweingewürz auf die Hälfte einkochen lassen. Den Gewürzbeutel herausnehmen und den Zucker zugeben.
3. Das Ei unter ständigem Rühren zufügen und bei milder Temperatur schaumig schlagen.
4. Die Birnenhälften auf Teller legen und mit der Zabaione übergießen.

Nährwerte pro Portion

140 kcal • 22 g KH • 4 g F • 4 g EW •
2 BE • 4 g Ballaststoffe

Erdbeersorbet

Für 2 Personen • Preis: 1,20 €
Zubereitungszeit: 20 Minuten
ohne Gefrierzeit

Zutaten

250 g Erdbeeren (frisch oder TK) • 1/2 TL Süßstoff • 1 Gefrierbeutel • 10 g Vanillepuddingpulver • 180 ml Milch (1,5 % Fett)

Zubereitung

1. Frische Erdbeeren mit dem Pürierstab pürieren und mit Süßstoff abschmecken. Die Fruchtmasse in einen Gefrierbeutel füllen, flach streichen und gut verschließen. Im Eisfach 3 Stunden gefrieren lassen. Bei Verwendung gefrorener Erdbeeren diese nicht auftauen, sondern nur mit dem Handmixer oder in der Küchenmaschine crashen.
2. Das Puddingpulver mit 3 EL Milch glatt rühren. Die übrige Milch zum Kochen bringen. Das Pulver einrühren und nochmals kurz aufkochen lassen.
3. Das Erdbeereis aus dem Gefrierfach nehmen und noch im Beutel mit einem Messerrücken in kleine Stücke schlagen.
4. Die Erdbeereisbröckchen in Gläser füllen und mit Vanillesauce begießen.

Nährwerte pro Portion

100 kcal • 15 g KH • 2 g F • 4,0 g EW • 1,3 BE • 2 g Ballaststoffe

Gebackene Banane

Für 2 Personen • Preis: 0,90 €
Zubereitungszeit: 5 Minuten

Zutaten

2 Bananen • 2 EL gehackte Haselnüsse • 1 TL Butter

Zubereitung

1. Die Bananen schälen und in den gehackten Nüssen wälzen.
2. Die Butter in einer beschichteten Pfanne schmelzen lassen.
3. Die Bananen in der Butter backen, bis sie glasig werden.

Nährwerte pro Portion

195 kcal • 26 g KH • 9 g F • 2 g EW • 2 BE • 9 g Ballaststoffe

Tipp:
Sie können das Ganze auch als Spieß servieren. Dazu schneiden Sie die Banane nach dem Backen in Scheiben und stecken sie abwechselnd mit anderem Obst (z. B. Trauben oder Stachelbeeren) auf einen Schaschlikspieß.

Obstgelee mit Himbeersauce

Für 4 Personen • Preis: 1,00 €
Zubereitungszeit: 30 Minuten
ohne Kühlzeit

Zutaten

3 Blatt weiße Gelatine • 250 g Obst der Saison (Beeren, Rhabarber, Orangen) • 125 ml Apfelsaft • flüssiger Süßstoff • 100 g Himbeeren • Minzeblättchen

Zubereitung

1. Die Gelatine einweichen.
2. Die Früchte zerkleinern und in 3 EL Wasser kurz aufkochen.
3. Die ausgedrückte Gelatine im erwärmten Apfelsaft auflösen. Das Obst mit dem Süßstoff in den Apfelsaft einrühren, in Schälchen füllen und ca. 1 Stunde kalt stellen.
4. Die Himbeeren für die Sauce pürieren und mit Süßstoff abschmecken.
5. Die Schälchen aus dem Kühlschrank nehmen, kurz in heißes Wasser tauchen und stürzen. Das Gelee mit Himbeersauce und Minze garnieren.

Nährwerte pro Portion

42 kcal • 8 g KH • 0 g F • 1 g EW • 0,6 BE • 9 g Ballaststoffe

Orangen-Quark-Creme

Für 2 Personen • *Preis: 1,20 €*
Zubereitungszeit: 30 Minuten
ohne Kühlzeit

Zutaten

2 Blatt Gelatine • 2 unbehandelte Orangen • 1 Ei • 1 TL Süßstoff • 250 g Magerquark

Zubereitung

1. Gelatineblätter in Wasser einweichen. Die Orangen halbieren und von zwei Hälften die Schale fein abreiben, das Fruchtfleisch auslösen und filetieren. Die anderen beiden Orangenhälften auspressen.
2. Das Ei trennen. Eigelb mit 1 EL Orangensaft und dem Süßstoff mit dem Handmixer schaumig schlagen.
3. Den übrigen Orangensaft aufkochen, von der Kochstelle nehmen, die Gelatine ausdrücken und in den Saft rühren. Abgeriebene Orangenschale und Quark untermengen.
4. Die Masse so lange kühl stellen, bis sie zu gelieren beginnt.
5. Eiweiß steif schlagen und unterziehen. Eine weitere Stunde kalt stellen. Mit Orangenfilet dekoriert servieren.

Nährwerte pro Portion

193 kcal • 11 g KH • 4 g F • 21 g EW • 1 BE • 4 g Ballaststoffe

Bratäpfel

Für 2 Personen • Preis: 1,10 €
Zubereitungszeit: 30 Minuten

Zutaten

2 große Äpfel • 1 TL Zitronensaft • 25 g gehackte Mandeln • 2 EL Sahne • Zimt • Lebkuchengewürz • 1 TL Butter • 2 Stückchen Schokolade

Zubereitung

1. Die Äpfel waschen und das Kerngehäuse ausstechen. Den Zitronensaft auf das Innere träufeln.
2. Die Mandeln in einer beschichteten Pfanne anrösten. Die Sahne mit den Gewürzen vermischen.
3. Die Äpfel in eine mit Butter gefettete kleine Auflaufform stellen und mit der Mandelsahne füllen.
4. Auf jeden Apfel 1 Stück Schokolade setzen. Im vorgeheizten Backofen bei 220 °C ca. 20 Minuten backen.

Nährwerte pro Portion

230 kcal • 21 g KH • 14 g F • 4 g EW • 2 BE • 2 g Ballaststoffe

Apfel-Quark-Auflauf

Für 4 Personen • Preis: 0,90 €
Zubereitungszeit: 40 Minuten

Zutaten

450 g Äpfel • 1 Ei • 400 g Magerquark • 15 g Speisestärke • 1 1/2 TL Süßstoff • 1 unbehandelte Zitrone • 1 unbehandelte Orange • 1/2 TL Öl

Zubereitung

1. Äpfel schälen, achteln und das Kerngehäuse entfernen.
2. Das Ei trennen. Das Eiweiß zu festem Schnee schlagen. Das Eigelb mit dem Magerquark, der Speisestärke und dem Süßstoff verrühren.
3. Die Zitronen- und Orangenschale abreiben und in die Quarkmasse mengen. Den Eischnee unter den Quark heben.
4. Die Masse in eine mit Öl ausgepinselte Auflaufform füllen, die Apfelspalten darauf verteilen. Bei 180 °C im vorgeheizten Backofen 30 Minuten goldgelb backen.

Nährwerte pro Portion

170 kcal • 18 g KH • 3 g F • 15 g EW • 1,5 BE • 3 g Ballaststoffe

Zimtwaffeln

Ergibt ca. 8 Stück • Preis: 0,40 €
Zubereitungszeit: 25 Minuten

Zutaten

100 g Halbfettmargarine • 150 g Weizenmehl • 1 Msp. Backpulver • 120 g Fruchtzucker • 1 Prise Salz • 2 Eier • 150 ml Milch (1,5 % Fett) • 1 TL Zimt

Zubereitung

1. Das Fett in einem Topf langsam schmelzen lassen.
2. Mehl und Backpulver mischen. Zucker, Salz, Eier, Milch und Zimt dazugeben und mit dem Handmixer zu einem glatten Teig verarbeiten.
3. Das flüssige Fett einarbeiten. Den Teig für einige Minuten abkühlen lassen.
4. Das Waffeleisen vorheizen. Nacheinander jeweils eine Kelle Teig einfüllen und nach Herstelleranweisung goldene Waffeln ausbacken.

Nährwerte pro Waffel

206 kcal • 14 g KH • 8 g F • 5 g EW • 1,2 BE • 1 g Ballaststoffe

Tipp:
Diese Waffeln schmecken auch mit Zwetschgenkompott oder Apfelmus.

Aprikosentaschen

Ergibt ca. 20 Stück • Preis: 0,40 €
Zubereitungszeit: 35 Minuten ohne Ruhezeit

Zutaten

200 g Magerquark • 60 ml Milch (1,5 % Fett) plus etwas zum Bestreichen • 1 Prise Salz • 1/2 TL Zitronensaft • 45 ml Sonnenblumenöl • 20 g Fruchtzucker • 325 g Weizenmehl • 1 PK Backpulver • 10 kleine Aprikosen (evtl. aus der Konserve, ohne Zucker)

Zubereitung

1. Quark, Milch, Salz und Zitronensaft mit dem Mixer verrühren. Das Öl in die Quarkmasse einarbeiten. Das mit Backpulver vermischte Mehl unterrühren. Teig 1 Stunde im Kühlschrank ruhen lassen.
2. Die Aprikosen waschen und halbieren, Dosenfrüchte gut abtropfen lassen.
3. Teig dünn ausrollen und in ca. 10 x 10 cm große Quadrate schneiden. Je eine Aprikosenhälfte auf ein Teigstück legen, Teigränder mit Milch bestreichen und zur Mitte hin hochklappen.
4. Aprikosentaschen auf einem mit Backpapier ausgelegten Blech im vorgeheizten Ofen bei 200 °C 25 Min. backen.

Nährwerte pro Aprikosentasche

84 kcal • 13 g KH • 2 g F • 2 g EW • 1 BE • 1 g Ballaststoffe

Apfelstrudel (Foto)

Ergibt ca. 6 Stück • Preis: 0,40 €
Zubereitungszeit: 1 Stunde

Zutaten

4 Äpfel • 2 EL Rosinen • 1 PK Strudelteig (100 g) • 100 ml Milch (3,5 % Fett)

Zubereitung

1. Die Äpfel waschen, schälen, entkernen und klein würfeln. Die Rosinen unter die Äpfel mengen.
2. Den Strudelteig auf einem Backblech ausrollen. Die Ränder des Teigs mit Milch bepinseln.
3. Die Apfelmasse auf dem Teig verteilen, die Teigränder zur Mitte hin einschlagen, sodass ein Strudel entsteht, und gut andrücken.
4. Den Strudel bei 180 °C für 40 Minuten im Ofen backen.
5. Mit der restlichen Milch übergießen und nochmals für 5 Minuten in den Backofen schieben.

Nährwerte pro Stück

144 kcal • 20 g KH • 6 g F • 2 g EW • 1,7 BE • 2 g Ballaststoffe

Quark-Zwetschgen-Kuchen

Ergibt ca. 8 Stück • Preis: 0,40 €
Zubereitungszeit: 1 Stunde 25 Minuten

Zutaten

160 g Weizenmehl • 100 g Magerquark • 30 g Fruchtzucker • 20 g Halbfettmargarine • 10 g Hefe • 8 Zwetschgen (evtl. Früchte aus dem Glas)

Zubereitung

1. Alle Zutaten bis auf die Früchte in eine Schüssel geben und mit den Knethaken ca. 5 Minuten glatt rühren.
2. In eine kleine Kastenform füllen und den Teig an einem warmen Ort 20 Minuten zugedeckt gehen lassen.
3. Bei Verwendung frischer Früchte die Zwetschgen waschen, halbieren und entsteinen. Früchte aus dem Glas gut abtropfen lassen.
4. Das Obst auf dem Teig verteilen.
5. Bei 200 °C im vorgeheizten Backofen 45 Minuten backen.

Nährwerte pro Stück

110 kcal • 16 g KH • 1 g F • 4 g EW • 1,5 BE • 4 g Ballaststoffe

Schokotraum

Ergibt ca. 8 Portionen • Preis: 0,50 €
Zubereitungszeit: 1 Stunde

Zutaten

15 g Bitterschokolade • 100 g Weizenmehl • 1 TL Backpulver • 50 g Halbfettmargarine • 2 Eier • 2 EL Rum • 80 g Fruchtzucker • 50 g Kakaopulver • Salz

Zubereitung

1. Die Schokolade raspeln.
2. Mehl und Backpulver in eine Schüssel geben. Schokoraspel hinzufügen.
3. Die übrigen Zutaten dazugeben und mit dem Handmixer gut verrühren. Sollte die Masse zu fest sein, löffelweise Wasser dazugeben.
4. In eine kleine beschichtete Form füllen und ca. 45 Minuten im vorgeheizten Backofen bei 180 °C backen.

Nährwerte pro Stück

160 kcal • 10 g KH • 7 g F • 4 g EW • 1 BE • 1 g Ballaststoffe

Hinweis:
Bei dem Schokotraum und der Biskuit-Rolle sind 10 Gramm Kohlenhydrate aus Fruchtzucker nicht anrechnungspflichtig.

Biskuit-Rolle

Für 6 Personen • Preis: 0,80 €
Zubereitungszeit: 45 Minuten

Zutaten

4 Eier • 90 g Fruchtzucker • 1/2 Vanilleschote • 4 EL heißes Wasser • 180 g Mehl • 1/2 PK Backpulver • 200 g Diabetikermarmelade

Zubereitung

1. Die Eier trennen. Eiweiß steif schlagen. Eigelb mit Fruchtzucker, ausgekratztem Vanillemark und heißem Wasser schaumig rühren. Das Mehl mit dem untergemischten Backpulver auf die Eigelbmasse sieben und unterrühren. Eischnee unterheben.
2. Teig auf einem mit Backpapier ausgelegten Blech im vorgeheizten Ofen bei 190 °C ca. 15 Minuten goldgelb backen.
3. Den Biskuit aus dem Ofen nehmen und sofort auf neues Backpapier stürzen, das alte Backpapier vom Boden des Biskuits abziehen. Das Biskuit mit dem neuen Papier zu einer Rolle wickeln, abkühlen lassen.
4. Abgekühlte Biskuitrolle entrollen, Papier entfernen, mit Marmelade bestreichen und wieder zusammenrollen.

Nährwerte pro Stück

257 kcal • 20 g KH • 3 g F • 9 g EW • 2,5 BE • 1 g Ballaststoffe

Pistazienfinger

Für ca. 45 Stück • Preis: ca. 0,15 €
Zubereitungszeit: 1 Stunde 45 Minuten

Zutaten

250 g Mehl • 1 TL Backpulver • 60 g Zucker • 1 Ei • 125 g Diätmargarine • 1 unbehandelte Orange • 100 g fein gehackte Mandeln • 25 g Kokosflocken • 1 Eigelb • 50 g gehackte Pistazien

Zubereitung

1. Mehl, Backpulver und Zucker mischen und auf eine Arbeitsplatte geben. In die Mitte eine Mulde drücken. Das Ei zugeben, die Margarine in Flöckchen auf dem Mehlrand verteilen und alles schnell zu einem Teig verkneten.
2. In Folie wickeln und 30 Minuten lang im Kühlschrank ruhen lassen.
3. Die Orange waschen, die Schale abreiben, dann die Frucht ausdrücken. Mandeln, Kokosflocken und Orangenschale mischen. So viel Orangensaft hinzufügen, dass die Masse streichfähig ist.
4. Den Backofen auf 200 °C vorheizen. Ein Backblech mit Backpapier auslegen. Teig halbieren und in zwei Quadrate à ca. 30 x 30 cm ausrollen. Ein Teigquadrat auf das Backblech legen und mit der Mandelmasse bestreichen. Das zweite Teigquadrat darauf legen und die Ränder gut zusammendrücken.
5. Den Teig mit dem Eigelb bestreichen und die gehackten Pistazien darauf verteilen. Mit einer Gabel die Oberfläche mehrmals vorsichtig einstechen. Im Backofen bei 200 °C etwa 40 Minuten goldgelb backen.
6. Den noch warmen Kuchen in ca. 2 x 5 cm große »Finger-Streifen« schneiden.

Nährwerte pro Stück

71 kcal • 6 g KH • 5 g F • 1 g EW • 0,5 BE • 1 g Ballaststoffe

Tipp:
Typ-1-Diabetiker können den Zucker durch Fruchtzucker ersetzen.

Heidelbeermilch (Foto)

Für 2 Personen • Preis: 0,80 €
Zubereitungszeit: 5 Minuten

Zutaten

1 Banane • 250 l Milch (1,5 % Fett) • 3 EL Heidelbeeren

Zubereitung

1. Die Banane mit dem Pürierstab pürieren, die Milch dazugeben und gründlich aufschäumen.
2. Die Heidelbeeren zugeben.
3. In zwei hohen Gläsern servieren.

Nährwerte pro Portion

120 kcal • 20 g KH • 2 g F • 6 g EW • 1,5 BE • 6 g Ballaststoffe

Tipp:
Sie können die Heidelbeeren auch durch Himbeeren oder Erdbeeren ersetzen, die Milch durch Buttermilch.

Himbeer-Erdbeer-Shake

Für 2 Personen • Preis: 1,00 €
Zubereitungszeit: 5 Minuten

Zutaten

6 EL Himbeeren (TK oder frisch) • 6 EL Erdbeeren (TK oder frisch) • 250 ml Milch (1,5 % Fett) • 250 ml Kefir (1,5 % Fett) • 1 EL Honig • 2 Minzeblättchen

Zubereitung

1. Alle Zutaten bis auf die Minze im Mixer oder mit dem Pürierstab schaumig schlagen.
2. In zwei Sektschalen füllen.
3. Mit Minze verzieren.

Nährwerte pro Portion

165 kcal • 21 g KH • 5 g F • 10 g EW • 2 BE • 4 g Ballaststoffe

Grapefruit-Flip

Für 2 Personen • Preis: 0,90 €
Zubereitungszeit: 5 Minuten
ohne Auftauzeit

Zutaten

2 EL Himbeermark (Püree aus 3 EL Himbeeren; frisch oder gefroren) • 1 rosa Grapefruit • 250 ml Mineralwasser mit Kohlensäure • Eiswürfel

Zubereitung

1. Das Himbeermark evtl. auftauen und in einen Krug geben.
2. Die Grapefruit gründlich auspressen, zum Himbeermark geben und gut verrühren
3. Mineralwasser dazugeben.
4. Eiswürfel in Gläser füllen und mit dem Saft aufgießen.

Nährwerte pro Portion

40 kcal • 8 g KH • 0 g F • 2 g EW • 0,5 BE • 4 g Ballaststoffe

Rote-Bete-Drink

Für 2 Personen • Preis: 0,60 €
Zubereitungszeit: 5 Minuten

Zutaten

500 ml Buttermilch • 50 ml Rote-Bete-Saft (aus der Flasche) • Salz • Pfeffer • 1 TL Schnittlauchröllchen

Zubereitung

1. Die Buttermilch mit dem Rote-Bete-Saft verrühren.
2. Mit Salz und Pfeffer würzen und mit Schnittlauchröllchen bestreuen.
3. In Saftgläsern servieren.

Nährwerte pro Portion

101 kcal • 10 g KH • 2 g F • 9 g EW • 1 BE • 3 g Ballaststoffe

Tipp:
Mit Eiswürfeln serviert ist der Drink besonders erfrischend.

Selleriemix

Für 2 Personen • Preis: 0,80 €
Zubereitungszeit: 5 Minuten

Zutaten

150 g Staudensellerie • 1 Banane • 250 ml Orangensaft (frisch oder aus der Packung) • 2 EL Joghurt (1,5 % Fett) • 40 ml Zitronensaft • 2 EL Haferflocken

Zubereitung

1. Den Sellerie erst in Stücke, diese dann in Streifen schneiden. Die Sellerieblätter aufbewahren.
2. Die Banane schälen und in Scheiben schneiden.
3. Mit dem Pürierstab oder in der Küchenmaschine Sellerie, Banane, Joghurt und Zitronensaft kurz aufschäumen.
4. Die Haferflocken in einer beschichteten Pfanne kurz anrösten.
5. Den Drink auf zwei Gläser verteilen, mit Haferflocken bestreuen und Selleriegrün verzieren.

Nährwerte pro Portion

155 kcal • 32 g KH • 1 g F • 4 g EW • 2,5 BE • 2 g Ballaststoffe

Kräutercocktail

Für 2 Personen • Preis: 0,80 €
Zubereitungszeit: 5 Minuten

Zutaten

2 Radieschen • 250 ml Magermilchjoghurt • 1 Frühlingszwiebel • 1 kleiner Apfel • 1 TL Rapsöl • Saft von 1/2 Zitrone • 1 EL gehackte Kräuter (Petersilie, Schnittlauch, Basilikum, Thymian, Kresse oder andere) • 3 EL Mineral wasser mit Kohlensäure

Zubereitung

1. Radieschen klein schneiden.
2. Zusammen mit allen anderen Zutaten mit dem Pürierstab oder in der Küchenmaschine verrühren.
3. In Gläser füllen und mit Petersilie dekorieren.

Nährwerte pro Portion

100 kcal • 12 g KH • 4 g F •5 g EW • 1 BE • 2 g Ballaststoffe

Tipp:
Dieser Cocktail ist auch als Vorspeise geeignet.

Tabelle Broteinheiten

Die folgende Tabelle zeigt an, wie ähnliche Produkte unter Berücksichtigung der Broteinheiten (BE) ausgetauscht werden können. Sie soll dem Diabetiker Typ 1 das Kochen erleichtern.:

Getreide und Getreideprodukte	1 BE =
Cornflakes	15 g
Haferflocken	20 g
Mohn	300 g
Müsli, ungezuckert	20 g
Maiskörner (Dose)	60 g
Nudeln, roh	15 g
Vollkornnudeln	20 g
Reis	15 g
Roggenmehl	20 g
Weizenmehl	20 g
Weizengrieß	20 g
Weizenvollkornmehl	20 g
Brot und Backwaren	
Brötchen/Semmel	25 g
Knäckebrot	15 g
Mischbrot	25 g
Toastbrot	25 g
Vollkornbrot	30 g
Zwieback	15 g
Kartoffeln Kartoffelprodukte	
Kartoffeln	80 g
Kartoffelpüree	100 g
Püreepulver	15 g
Pommes frites	35 g
Kartoffelchips	30 g

Obst	1 BE =
Ananas	90 g
Äpfel	100 g
Aprikosen	130 g
Bananen ohne Schale	60 g
Birnen	100 g
Brombeeren	170 g
Erdbeeren	200 g
frische Feigen	100 g
Grapefruit mit Schale	200 g
Heidelbeeren	190 g
Himbeeren	200 g
Johannisbeeren rot	200 g
Kirschen mit Stein	100 g
Kiwi	130 g
Litschi	70 g
Mandarinen mit Schale	160 g
Mango	100 g
Melonen (außer Wassermelone)	100 g
Nektarinen mit Stein	120 g
Orange mit Schale	130 g
Pfirsich mit Stein	130 g
Rosinen	20 g
Stachelbeeren	150 g
Wassermelone mit Schale	230 g
Zwetschgen mit Stein	120 g

1 BE entspricht 12 g reinen Kohlenhydraten. Wenn Sie bei den Rezepten in diesem Buch beispielsweise einmal Nudeln gegen Kartoffeln tauschen möchten, dürfen Sie für 15 g rohe Nudeln 75 g Kartoffeln verwenden.

Bei den folgenden Lebensmitteln müssen Sie keine BEs anrechnen:

Gemüse (ohne BE-Anrechnung)

- Auberginen
- Artischocken
- Avocados (Vorsicht – sehr fettreich!)
- Blumenkohl
- Brokkoli
- Blaukraut (Rotkohl)
- Bohnen, frisch
- Bohnen, getrocknet (20 g)*
- Champignons
- Chicorée
- Chinakohl
- Endiviensalat
- Erbsen, frisch (100 g)*
- Erbsen, getrocknet (20 g)*
- Erbsen TK (90 g)*
- Fenchel
- Grünkohl
- Kopfsalat
- Kohlrabi
- Linsen, getrocknet (20 g)*
- Mangold
- Möhren
- Oliven (Vorsicht – sehr fettreich!)
- Paprikaschoten
- Pfifferlinge

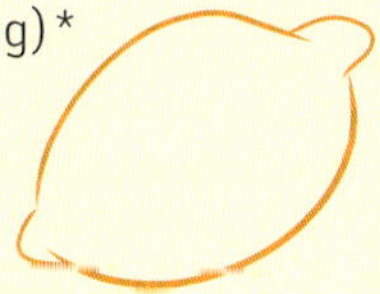

- Radicchio
- Radieschen
- Rettich
- Rosenkohl
- Rote Bete
- Sauerkraut
- Schwarzwurzeln (45 g)*
- Sellerie
- Spargel
- Spinat
- Steinpilze
- Weißkraut
- Wirsing
- Tomaten
- Zucchini
- Zwiebeln

*(bei dieser Portionsmenge wird noch keine BE angerechnet)

Milch und Milchprodukte	1 BE =
Vollmilch (3,5 % Fett)	250 ml
Buttermilch	300 ml
Fruchtjoghurt, gezuckert	100 ml

Milch und Milchprodukte (ohne BE-Anrechnung)

- Quark Magerstufe
- Schlagsahne (30 % Fett)
- Crème Fraîche (40 % Fett)

Zum Nachschlagen

Hier finden sie Bücher und Adressen für weitere Informationen zum Thema Diabetes.

Adressen

Deutscher Diabetiker Bund e.V. (DDB)
Goethestraße 27
34119 Kassel
Telefon: (05 61) 7 03 47 70
E-Mail: info@diabetikerbund.de

Deutsche Diabetes Gesellschaft e.V. (DDG)
Bürkle-de-la-Camp-Platz 1
44789 Bochum
Telefon: (02 34) 97 88 90
E-Mail: info@ddg.info

Österreichische Diabetiker Vereinigung
Moosstraße 18
A-5020 Salzburg
Telefon: (00 43-6 62) 82 77 22
E-Mail: oedv.office@aon.at

Schweizerische Diabetes Gesellschaft
Rütistraße 3 a
CH-5400 Baden
Telefon: (00 41-56) 2 00 17 90
E-Mail: sekretariat@diabetesgesellschaft.ch

Bücher

Sven-David Müller-Nothmann/ Claudia Reimers
Zimt gegen Zucker
erschienen bei Knaur 2005

Prof. Dr. Ernst R. Froesch/ Elisabetta Matelli
Diabetes – 600 Fragen, 600 Antworten für Typ 1 und Typ 2
erschienen bei Knaur 2006

Dr. med. Ulrich Graf
Leichter leben mit Typ 2 Diabetes
erschienen bei Knaur 2005

Antony Worrall Thompson/ Azmina Govindjii
Genussvoll Kochen bei Diabetes
erschienen bei Knaur 2005

Hinweise zu den Rezepten

- Die **Preisangaben** der Rezepte setzen sich aus den Preisen der einzelnen Zutaten zusammen und beziehen sich immer auf eine Person. Nicht im Preis enthalten sind Kosten für Standardartikel wie Essig, Senf, Gemüsebrühe oder Gewürze. Auch Kräuter schlagen nicht zu Buche. Für die meisten Produkte haben wir die Discounter-Preise veranschlagt. Für Produkte, die der Discounter nicht führte, wurden Supermarktpreise berechnet. Die Preise gulten im Februar 2006.
- **Ballaststoffe** sind nicht verwertbare Kohlenhydrate und müssen daher nicht den Broteinheiten angerechnet werden.
- 30 Gramm **Fruchtzucker** pro Tag sind als Broteinheiten nicht anrechnungspflichtig. Verteilen Sie dieses »Budget« am besten über den ganzen Tag. Daher sind z. B. bei der Biskuit-Rolle und dem Schokotraum auf Seite 84 nur jeweils 10 Gramm Fruchtzucker nicht anrechnungspflichtig.
- Alle **Temperaturen für Backöfen** gelten für Elektroöfen ohne Umluftfunktion. Bei Gas- und Umluftöfen beachten Sie bitte die Angaben des Herstellers.

Besuchen Sie uns auch im Internet unter www.knaur-ratgeber.de

Wichtiger Hinweis

Die im Buch veröffentlichten Ratschläge wurden mit größter Sorgfalt von Verfassern und Verlag erarbeitet und geprüft. Eine Garantie kann jedoch nicht übernommen werden. Ebenso ist eine Haftung der Verfasser bzw. des Verlages und seiner Beauftragten für Personen-, Sach- oder Vermögensschäden ausgeschlossen.

Autoren

Prof. Dr. Christoph Rosak ist Chefarzt der Diabetologie am Krankenhaus Sachsenhausen in Frankfurt am Main und führt regelmäßig Ernährungsseminare für Diabetiker durch. Als Fachautor hat er schon zahlreiche wissenschaftliche Werke veröffentlicht.

Magdalena Baumann war lange Zeit im Bereich der Lebensmitteluntersuchung tätig. Als leidenschaftliche Köchin und familiär Betroffene kreiert sie seit nunmehr 30 Jahren leckere und abwechslungsreiche Rezepte speziell für Diabetiker.

Bildnachweis

Umschlagfoto: Brigitte Sporrer

Fotos: Imagesource S. 15, S. 19, S. 28; Brigitte Sporrer S. 2, S. 3, S. 6/7, S. 8, S. 22/23, S. 24, S. 34/35, S. 36, S. 43, S. 49, S. 54, S. 61, S. 67, S. 71, S. 76, S. 83, S. 87

Bibliografische Information Die Deutsche Bibliothek

Die Deutsche Bibliothek verzeichnet diese Publikation in der Deutschen Nationalbibliografie; detaillierte bibliografische Daten sind im Internet über http://dnb.ddb.de abrufbar.

Projektleitung: Ute Kröger, Kathrin Gritschneder
Redaktion: Petra Klose
Korrektorat: Damla Özbay
Herstellung und Satz: Dagmar Guhl
Bildredaktion: Sylvie Busche (Ltg.), Markus Röleke
Umschlagkonzeption: Daniela Meyer
Reproduktion: Repro Ludwig, A-Zell am See
Druck und Bindung: Offizin Andersen Nexö Leipzig GmbH, Zwenkau
Printed in Germany

ISBN-13: 978-3-426-64360-0
ISBN-10: 3-426-64360-X

5 4 3 2 1